방송문화
진흥총서
195

콘텐츠 혁명을 알지니

콘텐츠가 너희를 자유롭게 하리라

이 책은 방송문화진흥회의 저술 지원을 받아 만들어졌습니다.

방송문화
진흥총서
195

콘 텐 츠 혁 명 을 알 지 니

콘텐츠가
너희를 자유롭게 하리라

배기형 지음

콘텐츠 혁명은 이미 시작되었다!

이 책의 일관된 관심사는 바로 콘텐츠이다. 필자는 30년 가까이 방송사 PD로 콘텐츠 산업의 현장에서 일하고 있다. 전통적으로 콘텐츠는 '대중매체 또는 관련 미디어 활동에 게재된 구조화된 메시지'로 여겨져 왔다. 그런데 테크놀러지의 발달과 미디어 환경의 급격한 변화로 그간 우리가 갖고 있었던 콘텐츠의 개념 자체부터 새롭게 정의해야 할 필요성이 생겼다. 콘텐츠란 단순히 매체에 담긴 지식과 정보만을 의미하는 것이 아니라 우리 일상에 존재하는 모든 것들을 창작자가 상상력을 통해 구체적으로 가공하여 만든 결과물이나 경험을 말한다. 이러한 경험은 지식과 정보를 뛰어넘는 보다 포괄적인 개념이라고 할 수 있다.

다시 말해 콘텐츠는 인간의 생활을 총괄하는 모오든(!) 경험의 산물이다. 이러한 경험을 얻기 위해 우리는 시간을 소비한다. 달리 표현하자면 우리의 시간을 소비하게 하는 모든 경험 혹은 그 결과물이 콘텐츠이다. 그런데 이러한 콘텐츠가 연결된 세상에서는 소비되는 그 순간부터 끊임없이 재창조되기 시작한다. 예를 들어 누군가 페이스북에 포스팅을 올리면 수많은 '좋아요'와 댓글이 달리기 시작한다. 즉 콘텐츠가 네트워크를 통해 전달되면서 소비자들의 상호작용 과정을 거쳐 끊임없이 유기체적인 변신을 하게 되는 것이다. 이런 뜻에서 '콘텐츠는 살아 있다.'라고 할 수 있다. 소비자가 반응하고 공유하는 과정을 통해서 콘텐츠는 연결되고 확장된다. 연결을 통해 콘텐츠의 질과 속성이 바뀌는 것이다. 이것은 사실 콘텐츠의 혁명적인 변화라고 할 수 있다.

혁명은 전복이다. 이제까지의 제도나 관습이 단번에 깨뜨려지고 질적으로 완전히 새로운 것이 만들어지는 사건이 혁명이기 때문이다. 독자들은 필자가 콘텐츠 혁명을 말하는 이유가 단지 엄청나게 방대한 콘텐츠의 생산량 때문만이 아니라는 것을 이미 잘 알 것이다. 콘텐츠가 전에 없던 새로운 가치를 생산하고 지금껏 체험하지 못했던 새로운 경험을 제공하기 때문이다. 콘텐츠를 생산하는 양식에서, 또 이를 소비하고 유통하는 방식에서 과거와는 질적으로 완전히 다른 새로운 양상이 급격한 속도로 나타나기 때문이다. 발전된 기술 서비스와 디바이스뿐만 아니라 콘텐츠, 플랫폼, 네트워크 등 가치 사슬 전반에 개방화가 진행되고 각 부문 간의 연결과 융합을 통해 콘텐츠 산업의 새로운 지평이 열리고 있는 것이다. 그렇다. 콘텐츠 혁명이란 바로 일상에 존재하는 모든 것들을 가공하여 새로운 가치를 생산하는 내용물, 즉 콘텐츠가 과거와는 질적으로 전혀 다른 방식으로 생산되고 유통되며 또 소비되는 일련의 사건을 말한다. 이러한 콘텐츠 혁명은 이미 시작되었고 또 현재형으로 진행 중이다.

우리는 이미 사람과 사람의 연결을 넘어 사람과 사물, 그리고 사물과 사물이 연결되는 4차 산업혁명 시대에 살고 있다. 초연결 사회는 디지털 기술의 발달로 사람, 프로세스, 데이터, 사물이 서로 연결됨으로써 정보의 생성, 수집, 공유, 활용이 가능해지는 네트워크 사회이다. 콘텐츠 혁명은 바로 모든 것이 연결된 사회에서 비롯된다. 기술이 중요하고 또 연결이 핵심인 것은 바로 이를 통해 전에 없던 새로운 가치가 생산되고 혁신이 창출되기 때문이다. 이러한 연결의 주체는 소비자이다. 콘텐츠 혁명의 시대에 콘텐츠는 소비자의 상호작용을 거쳐 끊임없이 살아 움직이며 꿈틀거리고 또 재창조된다. 우리는 이 과정에서 기존의 전통적인 미디어 담론들과는 다른 방식으로 콘텐츠가 생산되고 또 소비되는 것을 읽어볼 수 있다.

우선 주목해볼 것은 1인 미디어의 대중화이다. 예전에는 콘텐츠를 제작하거나 방송하려면 대규모의 인력과 기술 시스템이 필요했다. 그러나 인터넷 환경과 디지털 테크놀러지의 비약적 발달로 이런 기술 조건들은 더 이상 문제가 되지 않고 누구나 콘텐츠를 제작할 수 있고 또 공유할 수 있게끔 대중화되었다. 유튜브와 페이스북 같은 소셜 미디어는 자신이 제작한 콘텐츠를 타인에게 전달할 수 있는 플랫폼에 대한 접근성을 획기적으로 높였다. 이에 따라 그동안 단순 소비자로 간주되던 개인들이 이제 적극 콘텐츠를 제작하고 공유하는 생산자와 유통자로 변모했다. 따라서 레거시 미디어(방송이나 신문과 같은 기존 미디어)의 독과점적인 시장 지위가 흔들리는 것이 그리 놀랍지 않다. 인터넷과 모바일 기반의 새로운 플랫폼을 통한 콘텐츠 유통이 전면에 부각되면서 지상파를 중심으로 소수 사업자가 지배하던 동영상 콘텐츠 시장은 급속히 재편되고 있다. 기존 미디어의 광고 수익 감소는 당연한 현상이다. 이러한 미디어 환경의 혁명적 변화는 레거시 미디어로 하여금 생존을 위해 변화할 것을 강제한다. 이제 지상파도 전파가 아니라 스트리밍 기술을 기반으로 한 OTT 서비스를 활용하여 온라인으로 콘텐츠를 유통하는 방식과 온라인에 적합한 콘텐츠의 생산에 대해 고민하게 되었다. 결국 레거시 미디어들도 자체 앱이나 트래픽이 높은 페이스북이나 트위터 등 소셜 미디어를 플랫폼 삼아 온라인으로 콘텐츠를 제공하는 서비스를 시도하게 되었다. 이러한 움직임은 기존 콘텐츠 사업자들이 변화하는 미디어 환경에 대응하여 새로운 서비스 생태계에 적응하고자 하는 몸부림이다. 즉 신문이나 방송과 같은 전통 미디어의 플랫폼 기반을 유지하면서, 동시에 OTT 서비스 기반의 온라인 컨버전스convergence를 통해 시너지 효과를 꾀하여, 치열한 콘텐츠 시장 경쟁에서 도태되지 않고 생존을 모색하기 위함이다.

OTT 서비스 시대의 소비자들은 삶을 즐기기 위해 소셜 미디어 플랫폼에 접속하여 내가 선택하거나 친구가 추천해준 콘텐츠를 온라인으로 소비한다. 한편 소비자 개인이 직접 콘텐츠를 제작해 소셜 미디어를 통해 유통할 수도 있다. 또 굳이 콘텐츠를 직접 만들지는 않더라도 '좋아요'를 누른다거나 댓글을 달면서 콘텐츠에 '참여'할 수 있게 되었다. 이렇듯이 OTT 서비스는 소비자들의 소통 욕구를 충족시키며 사용자 참여를 획기적으로 높이고 기존의 콘텐츠 유통 방식에서는 얻기 어려웠던 정서적 유대감을 제공하고 있다. OTT 서비스를 통한 콘텐츠 유통은 생산자와 소비자의 수평적 네트워크를 강화해 콘텐츠에 대한 접근성을 높였고 그 결과 더욱 참여적이고 개방적인 미디어 환경을 구현해내고 있다. 이리하여 OTT 서비스는 콘텐츠 유통과 소비의 패러다임을 바꾸었다. 새로운 패러다임은 소비자 중심의 콘텐츠 시장 환경을 구축하는 것이다. 다시 말하자면, 콘텐츠에 대한 접근과 선택권이 오롯이 소비자 개인에게 있다는 것이다. 가히 콘텐츠 유통과 소비의 혁명이라고 불러야 하지 않겠는가?

혁명적 변화가 일어날 때마다 다음 국면으로 전환하는 변곡점이 있다. 콘텐츠 혁명의 변곡점을 촉발한 것은 바로 데이터이다. 디지털 환경 전환으로 그 규모를 가늠할 수 없을 정도로 많은 정보와 데이터가 생산되고 수집되는 빅데이터 시대가 도래했다. 이제 우리의 삶은 데이터를 기반으로 재구성된다. 빅데이터 시대에는 중요한 데이터를 많이 소유한 사람이 부를 얻고 권력을 차지한다. 즉 데이터가 부의 원천이 된 것이다. 데이터를 축적하고 활용하기 시작하면서 콘텐츠 비즈니스의 작동 방식이 변화하고 있다. 이제 중요해진 것은 과거 아날로그 환경과 달리 복잡하고 비정형적인 데이터들을 어떻게 수집하고 분석하고 처리하느냐이다. 이제 콘텐츠를 기획할 때 직관의 힘을 믿지 말고 데이터의 힘을 믿는 것이 분명 현명해 보인다.

빅데이터 분석으로 예전에는 보이지 않던 현상이나 인과관계를 찾아내 콘텐츠의 스토리텔링에 활용할 수 있다. 따라서 지혜로운 사업자는 콘텐츠의 생산과 유통에 빅데이터의 통찰력을 활용한다. 이를 통해 어떤 고객을 좇아야 하고 또 소비자가 진정으로 원하는 것은 무엇인지 또 그것을 어떻게 소비자가 원하는 방식으로 제공할지를 고민한다. 즉 데이터에 기반을 둔 콘텐츠 최적화를 이루고자 한다. 이제 데이터를 어떻게 확보하느냐 혹은 어떻게 해석하고 전략을 세우느냐에 따라 콘텐츠 사업자의 명운이 달려 있다. 콘텐츠 경쟁력은 의사결정 과정에서 데이터를 얼마나 잘 활용하느냐에 따라 결정된다. 따라서 데이터를 찾는 일은 콘텐츠 산업뿐만 아니라 모든 사업자에게 마치 금맥을 캐는 일과 같이 되었다. 어떤 이는 데이터를 4차 산업혁명 시대의 원유라고도 한다. 구글과 페이스북 등 글로벌 사업자들은 소비자 데이터 포식에 나서고 있다. 데이터가 바로 새로운 가치를 생산하는 콘텐츠의 물적 토대이기 때문이다.

콘텐츠 혁명은 데이터와 네트워크의 연결에 방점을 두고 있다. 즉 데이터의 연결에서 새로운 가치가 생긴다. 사실 초연결성hyperconnec-tivity과 아울러 초연결성에서 비롯된 방대한 데이터를 분석하여 일정한 패턴을 파악할 수 있는 초지능성superintelligence이 4차 산업혁명 시대의 핵심 명제이다. 콘텐츠 부문에서의 4차 산업혁명은 데이터가 콘텐츠에 접목되어 가치를 높이는 것과 데이터가 주도하여 콘텐츠를 만들고 유통하는 것으로서 생산성을 극대화하는 것이다. 콘텐츠 산업에서 초연결성, 초지능성은 세상을 혁신적으로 변화시키는 동력을 보유하고 있다. 이 책에서 데이터가 주도하는 콘텐츠의 생산과 소비 그리고 유통 방식을 꼼꼼히 짚어보는 까닭이다. 이것이 중요한 이유는 모든 것이 연결된 사회에서 문화적 창조성을 담보하는 콘텐츠의 지속적인 생산을 유인하는 물적 토대를 이해하기 위해서이다. 콘텐츠가 건강하게 발전되기 위해서는 콘텐츠를 이루는 원재료인 데이터의 생산과 수집 그리고 유통이 활성화되어야 하고, 무엇보다 그 속에서 통찰을 얻을 수 있어야 한다. 데이터를 통해 세상에 없던 새로운 이용자 경험을 마련하고 이용자 경험의 과정과 체험이 다시 데이터로 저장된다. 방대한 데이터가 축적되면 이를 분석하여 더 풍성한 통찰을 얻게 된다. 이것이 콘텐츠의 선순환 발전을 만들어내는 것이다. 콘텐츠 혁명의 성공을 담보하는 것은 데이터피케이션 역량과 데이터에 기반한 통찰인 것이다.

　내가 주목하는 것은 이 모든 혁명적 변화의 기저에 있는 소비자 중심의 패러다임이다. 데이터 기반 콘텐츠data-driven content 서비스의 핵심은 소비자의 요구와 선택에 대한 존중이다. 빅데이터 분석을 통해 개인화된 소비자에 대한 고객 맞춤 서비스customization가 미래 콘텐츠 서비스의 핵심이 되는 것이다. 소비자의 고유한 권리는 콘텐츠에 대한 접근과 선택권이다. 콘텐츠의 가치와 경쟁력은 소비자의 성향과 요구를 얼마나 잘 파악하고 반영하느냐에 달려 있다. 콘텐츠 혁명의 시대에는 콘텐츠의 내용물 자체보다는 콘텐츠를 소비하는 경험에서 가치가 창출된다. 가상현실VR과 증강현실AR이 뜨는 이유도 소비자 경험을 획기적으로 향상시켜 기존에 없던 새로운 이용자 경험을 제공하기 때문이다. 가상 혹은 증강된 현실을 통해서 몰입감과 현장감으로 전에 없던 재미를 준다. 콘텐츠는 상상력을 현실로 만들어주는 도구이다.

　한편, 이 땅에 발을 딛고 사는 우리가 콘텐츠 산업에 대해 고민하고 끊임없는 긴장과 관심을 쏟는 것은 필연이다. 콘텐츠가 우리 사회와 삶의 반영이라면 우리가 사는 세상의 모순은 콘텐츠 세상에도 발현된다. 상업적 알고리즘이 우리의 생각을 제어하고 독과점과 불공정이란 괴물이 양극화를 가져와 우리 콘텐츠의 생태계를 위험한 나락으로 떨어뜨리고 있다면 어찌해야 할까. 이 책에서 콘텐츠 세상의 불편한 진실을 말하는 이유는 경각을 위함이다. 아울러 산업으로서 우리 콘텐츠의 미래를 생각한다면 한류 콘텐츠의 글로벌 프로듀싱은 이제 선택이 아니라 필수가 되었다. K-팝의 사례에서 콘텐츠로

세계와 소통하는 법을 모색해보는 것도 뜻있다 할 것이다.

자, 이쯤에서 이 책의 타이틀에 관한 얘기를 하고자 한다. 애초 이 책은 '콘텐츠 혁명'이라는 가제목으로 기획하였다. 그런데 책을 만들면서 출판사에서 이 책이 담고 있는 내용을 한 문장으로 표현하는 제목을 찾아보자고 했다. 흔쾌히 동의하였다. 그렇지만 단어 하나를 꼽으라면 단박에 '콘텐츠'라고 대답하겠지만 이 책의 내용과 말하고자 하는 바를 단 한 문장으로 정리하기는 쉽지 않았다. 사실 필자의 부족한 내공에 매우 힘겨웠다는 것을 고백한다. 진통 끝에 『성경』 말씀의 "진리를 알지니 진리가 너희를 자유롭게 하리라!"를 바꾸어 인용하여 "콘텐츠가 너희를 자유롭게 하리라"가 튀어나왔고 결국 책의 타이틀로 정해졌다. 익숙한 명제를 살짝 비틀어 독자들의 관심을 얻겠다는 마케팅적인 셈법만으로 결정한 것만은 아니다. 좀 더 분명한 이유가 있다. 콘텐츠 혁명을 바라보는 인문학적인 해석과 철학을 담고 싶었다.

다이어트에 관한 유명한 격언 가운데 "당신이 먹는 음식이 곧 당신이다."라는 말이 있다. 어떤 음식을 먹느냐에 따라, 곧 그 사람의 식생활습관에 따라 육체적 건강이 규정되기 때문이다. 필자는 여기에 빗대어 "콘텐츠가 바로 당신이다."라고 조심스럽게 말하고 싶다. 우리가 어떤 콘텐츠를 어떻게 소비하느냐에 따라 우리의 정체성이 규정되기 때문이다. 예전에 산업 중심의 시대에는 무엇을 생산하느냐에 따라, 즉 '직업'에 따라 인간의 정체성이 규정되어 왔다. 자기를 소개할 때면 의례적으로 의사, 선생님, 회사원 등 하는 일 위주로 자신을 규정하고 설명하려고 했다. 그렇지만 이제는 내가 소비하는 콘텐츠가 중심이 된다. "나는 『삼국지』를 재밌게 읽었어요." 혹은 "퀸의 「보헤미안 랩소디」를 좋아해요."라면서 내가 소비하는 콘텐츠로 자신을 소개하게 된다. 삶의 모든 행위의 매개가 바로 콘텐츠가 되었다.

영국의 철학자 존 스튜어트 밀은 『자유론』에서 "자유는 문명사회가 지속적으로 진보하기 위한 조건이다."라고 통찰했다. 타인에게 해를 끼치지 않는 한, 각자 자신이 원하는 대로 자신의 삶을 꾸려나갈 자유가 절대적으로 허용되어야 한다고 설파했다. 설령 당사자에게 이로운 일이라고 판단하더라도 결코 타인이 강제할 수는 없다. 각 개인은 자기 자신의 몸과 정신에 대해 각자가 고유한 주권자이기 때문이다. 밀은 대중화되고 획일화되는 현대 사회에서 다수의 횡포 속에 고사 위기에 처한 개별성의 중요성을 지적한다. 개별성을 보장하기 위한 다양성 존중이 그가 말하는 자유의 핵심이라고도 할 수 있다.

그는 개별성과 사회성의 조화를 진보로 본 것이다. 삶의 모든 행위의 매개가 콘텐츠로 이루어지는 시대에 그의 통찰력은 탁월해 보인다. 자유는 선택의 권리로 방증할 수 있다. 콘텐츠에 대한 접근에 개인의 선택 요소가 확장된다면 그만큼 우리의 자유는 신장된다. 기술의 진보를 획득한 디지털 미디어 플랫폼과 디바이스는 선택의 폭을 넓혀준다. 콘텐츠 창작자들은 자유를 얻었고 기존의 제약에서 벗어날 수 있었다. 인터넷의 등장이 그랬던 것처럼 인공지능은 산업뿐만 아니라 우리의 소통 방식과 문화 자체를 변화시킨다. 인공지능 왓슨이 의사들과 환자들을 더 자유롭게 한다. 언제 어디서나 콘텐츠를 소비할 수 있고 개개인이 능동적으로 또 주체적으로 콘텐츠 생산과 유통에 참여할 수 있는 생태계는 자유의 범위를 확장한 것이다. 콘텐츠 혁명은 자유의 추구이자 확인이다.

　이렇듯이 이 책은 바로 생생하게 살아 펄떡거리는 콘텐츠에 관한 것이다. 콘텐츠는 쉴 새 없이 꿈틀거리며 우리와 끊임없이 상호작용을 한다. 이 책을 통해 지금 바로 눈앞에서 벌어지고 있는 큼직한 변화, 즉 콘텐츠 혁명의 현상과 그로 인한 우리 삶의 큰 변화에 대해 독자의 진지한 관심을 환기할 수 있다면 큰 보람이라 아니할 수 없다. 콘텐츠 혁명은 우리가 사는 세상에서 전방위적으로 펼쳐지고 있기에 그 스펙트럼이 아주 방대하고 복잡하다. 그만큼 짚어야 할 내용도 많다. 물밀 듯한 혁명의 격랑 속에서 콘텐츠를 말하기는 절대 쉽지 않은 일이지만 그 전개 방향을 짚어보고 읽어보는 것은 매우 의미가 있다. 우리는 콘텐츠를 통해 사람과 삶 그리고 세상을 읽고 해석해내기 때문이다. 필자는 콘텐츠를 생산하고 소비하며 유통하는 방식에 대해 오랫동안 고민하고 천착해왔다. 나름대로 전체를 조망하면서 또 필요한 디테일을 챙기려 노력했지만 거칠고 모자람이 많음을 헤아려주시기 바란다. 익숙한 관점에서 벗어나 시야를 확장할 때 비로소 콘텐츠 혁명을 제대로 읽을 수 있다고 생각한다.

　콘텐츠 혁명 시대에는 콘텐츠가 우리를 위로하고 사람답게 한다. 우리는 콘텐츠를 통해 플랫폼에서 고립된 개인이 아니라 커뮤니티와 네트워크의 일원으로서 사회적 관계에 참여하게 되고 콘텐츠를 매개로 하여 사람들과 공감하고 교류할 수 있기 때문이다. 우리는 콘텐츠를 통해 상상한다. 앞으로 우리에게 펼쳐질 미래의 문화는 콘텐츠 중심의 문화이다. 콘텐츠의 미래를 읽는 것은 앞으로 인간의 삶을 전망해보는 것과 다르지 않다. 우리의 돈과 시간을 쓰게 하는 모든 것이 바로 콘텐츠이다. 이러한 콘텐츠가 우리를 규정한다. 그런즉슨 콘텐츠를 알아야 사람을 알게 되고 콘텐츠를 보아야 미래를 알 수 있는 것이다. 외람되이 이 책을 세상에 내놓는 까닭이 여기에 있다.

콘텐츠 혁명을 알지니,
콘텐츠가 너희를 자유롭게 하리라

2019년 4월
배기형

차례 ▶

1장

콘텐츠 에볼루션에서
레볼루션으로

1
콘텐츠는 소유가 아닌 경험!

'인터넷의 아버지'로 불리고 있는 빈트 서프Vint Cerf 박사는 2007년 영국의 일간지 『가디언』과의 인터뷰에서 "곧 우리는 대부분의 텔레비전 콘텐츠를 인터넷을 통해 소비하게 되고 이 새로운 양방향 서비스는 전통적인 TV 방송 채널의 죽음을 가져올 것이다."라고 설파했다. 불과 10년 남짓 지났을 뿐이다. 그런데 우리는 이제 그의 예언이 현실이 된 것을 인정하지 않을 수 없다. 전통적인 TV 시청을 하지 않는 '제로 TV' 가구가 많아졌다. 제로 TV 가구가 증가하는 것은 이제 꼭 TV가 아니라도 인터넷과 모바일을 통해 미디어 콘텐츠를 이용할 수 있게 됐기 때문이다.

방송 시간에 맞추어 TV 수상기 앞에 앉아 있기보다 '내가 선택한 시간에' '내가 선택한 장소에서' '내가 선택한 콘텐츠를' '내가 선택한 단말기로' 소비하는 시청 경향은 콘텐츠 혁명의 핵심적인 단면이다.

인터넷의 아버지로 불리고 있는 빈트 서프박사는 2007년 영국의 일간지 『가디언』과의 인터뷰에서 "곧 우리는 대부분의 텔레비전 콘텐츠를 인터넷을 통해 소비하게 되고 이 새로운 양방향 서비스는 전통적인 TV 방송 채널의 죽음을 가져올 것이다."라고 설파했다.

이러한 콘텐츠 소비 패턴의 변화를 이끌어낸 것은 기술의 발달에 따른 미디어 환경의 변화이다. 스마트 단말기 보급이 급격히 증가하고 인터넷에 접근하는 인프라가 진화했다. 특히 OTT 서비스의 보급은 콘텐츠를 소비하는 문법을 바꾸는 데 결정적인 역할을 했다. OTT는 영문 'Over The Top'의 줄임말이다. 여기에서 'Top'은 셋톱박스Set Top Box를 의미하니 OTT 서비스를 말 그대로 풀이하자면 '셋톱박스를 넘어서(통하여)' 제공되는 서비스를 뜻한다. 초기에는 셋톱박스와 같은 단말기를 통해 볼 수 있는 인터넷 기반의 동영상 서비스를 의미했으나 지금은 셋톱박스의 유무를 떠나 모든 인터넷 기반의 동영상 서비스를 포괄하는 의미로 쓰이고 있다.

병사들이 적군을 제압하고 참호에 올라서듯이 OTTOver The Top 서비스가 전통적인 전파 송출 방식의 텔레비전 서비스를 완전히 제압하고 있다.

영어에서 '오버 더 톱Over the top'이란 관용구가 쓰이게 된 것은 제1차 세계대전 당시 병사들이 적군들을 제압하고 참호에 올라서는 것을 '오버 더 톱'이라고 표현한 데서 유래했다고 한다. 이 용어를 인터넷 기반의 콘텐츠 제공 서비스를 통칭하는 말로 쓰게 된 것은 상징적인 의미가 있다. 즉 인터넷을 통해 콘텐츠를 제공하는 서비스가 전통적인 전파 송출 방식의 텔레비전 서비스를 완전히 제압하고 있다는 해석이 가능하기 때문이다. 바야흐로 전통적인 TV의 시대는 끝났다. 사람들은 온라인 미디어와 모바일 기술 덕택에 TV를 넘어서 훨씬 더 다양하고 편리한 방법으로 콘텐츠에 접근한다.

콘텐츠 혁명 시대의 가장 큰 변화는 개인의 기호에 대한 존중과 아울러 시공간적 제약에서 벗어난 콘텐츠 서비스이다. 내가 원하는 콘텐츠를 언제 어디서나 원하는 플랫폼에서 원하는 단말기로 소비한다. 이러한 변화를 이끌어낸 것은 디지털 기술의 발달에 따른 미디어 환경의 변화이다. 콘텐츠 혁명 시대의 콘텐츠는 그 자체로 디지털 기술을 전제로 하고 있으며 기술적 토대를 통해 만들어지고 소비된다. 콘텐츠 없는 기술은 공허하지만 기술 없이는 콘텐츠가 존재하기 어려운 세상이다. 통신 속도의 변화는 콘텐츠 세상의 큰 변화를 이끌어냈다. 통신 속도의 증가로 아이튠즈는 음반 판매점을 대체했고 넷플릭스는 비디오 대여점을 없앴다. CD나 DVD를 사지 않고 극장에 가지 않아도 파일을 내려받는 것으로 음원과 영화를 소비할 수 있게 됐기 때문이다. 「포켓몬 고」의 열풍은 '포켓몬'이라는 강력한 IP와 더불어 위치 기반 증강현실 기술이 발달한 덕분이다. 기술 발전은 우리의 공간 감각을 온라인의 가상현실로까지 확장하게 했다. 이처럼 디지털 기술의 혁신은 콘텐츠의 형태와 소비 방식을 결정한다.

　콘텐츠를 제대로 이해하자면 컨테이너container와 콘텍스트context의 개념을 정리해둘 필요가 있다. 쉽게 비유하자면 컵에 담긴 물이 있다 할 때 콘텐츠가 물이라면 컵은 컨테이너이다. 책을 예로 들어보자면 텍스트와 이미지를 중심으로 하는 책의 내용이 콘텐츠이고 그 콘텐츠를 담고 있는 그릇, 즉 물리적으로 손에 잡히는 책의 외형적 실체가 컨테이너다. 이제 콘텐츠는 컨테이너에서 해방되었다. 예전에 음악은 LP 레코드판이나 음악 테이프 혹은 CD에 저장되어서 재생되었다. 음악이라는 콘텐츠가 LP 레코드판이라는 컨테이너로부터 분리될 수 없었다.

　책도 마찬가지이다. 책의 '내용'은 책이라는 종이로 된 컨테이너에 의해 저장되고 소비되었다. 전통적으로 특정 콘텐츠는 그 콘텐츠에 특화된 특정 컨테이너에 담겨서 소비되었다. 이러한 콘텐츠를 물리적 컨테이너에서 해방시킨 것은 디지털 기술의 발달이다. 콘텐츠가 디지털 신호로 표현될 수 있으면서 통신 네트워크를 통해 콘텐츠를 전송하는 것이 가능해졌다. 인터넷 공간은 디지털화된 콘텐츠의 소비 공간이자 이를 저장하고 전송할 수 있는 장이 되었다. 콘텐츠와 컨테이너의 분리를 가져올 수 있었던 것은 콘텐츠 소비의 저변을 혁명적으로 넓혔다.

콘텐츠 소비의 방식이 이제 콘텐츠를 담고 있는 컨테이너의 직접적인 소유에서 '접속'을 통한 간접 소유로 변모했다. 바로 스트리밍 기술의 발달 덕분이다. 스트리밍이란 인터넷에서 음성이나 영상을 실시간으로 재생하는 기법을 말하는데 바야흐로 스트리밍이 대세다. OTT 서비스가 가능해진 것도 스트리밍 기술이 도입됐기 때문이다. 스트리밍은 물이 흐르듯이 '연속되어 끊이지 않고 흐르다.'라는 뜻이다. 스트리밍 서비스는 말 그대로 인터넷 기반에서 데이터가 끊기지 않고 실시간으로 전달되는 서비스를 뜻한다. 다운로드와 다른 점은 콘텐츠가 소비자의 단말에 굳이 저장되지 않는다는 점이다.

스트리밍은 압축된 데이터가 실시간으로 풀리면서 일시적인 메모리에 잠시 저장됐다가 스트리밍 과정이 종료되면 바로 사라진다. 즉 다운로드는 데이터를 다 받은 상태에서 재생하는 것이고 스트리밍은 실시간으로 받으면서 음성이나 영상을 재생하는 것이다. 스트리밍 서비스를 제공하기 위해서는 동영상을 압축 파일 형태로 변환해서 서버에 저장해야 한다. 동영상은 용량이 크기 때문에 한꺼번에 파일을 다 풀어서 전달하기 어렵다. 그래서 영상이 실제로 플레이되는

콘텐츠 서비스를 이용할 때 스트리밍 서비스를 선택하는 추세는 이제 콘텐츠 소비 패턴이 '소유'에서 '접속'으로 변화했다는 것을 의미한다.

분량만큼만 풀어서 실시간으로 전송하게 된다. 그렇지만 시청자로서는 실시간으로 동영상이 구현되므로 기존 방송을 보는 것과 아무런 차이점이 없다.

소비자로서는 어떤 통신수단을 통해 콘텐츠가 전달되는지는 중요하지 않다. 소비자는 접속하는 서비스가 전통적인 방송인지 혹은 디지털 플랫폼인지에 관계없이 자신이 원하는 콘텐츠를 선택해 즐길수 있는지가 더 중요하다. 방송 서비스에서는 감상하고자 하는 콘텐츠를 능동적으로 선택할 수 없지만 스트리밍 서비스는 서버에 여러 콘텐츠를 저장해놓고 있어서 원하는 콘텐츠를 선택하면 실시간으로 감상할 수 있다. 훨씬 더 소비자 중심의 서비스로 여겨진다. 소비자가 미디어 콘텐츠를 이용할 때 DVD 구매가 아니라 스트리밍 서비스

콘텐츠 혁명 시대에는 물리적 제품 자체보다는 제품을 통해 얻는 소비자의 경험에서 가치가 창출된다.

를 선택하는 추세는 이제 콘텐츠 소비 패턴이 '소유'에서 '접속'으로 변화했다는 것을 의미한다. 접속의 시대에는 소유가 아니라 경험을 소비하게 한다. 소유가 아니라 경험을 거래하는 콘텐츠 소비는 공유 경제의 활성화를 가능하게 했다. 한 평의 서고도 없는 아마존이 대형 유통 서점을 밀어내고 호텔 하나 소유하고 있지 않은 에어비앤비가 글로벌 최대 호텔 체인 힐튼을 넘어선 이유도 소유의 경제에서 공유의 경제로 바뀐 중요한 상징이다.

온라인 스트리밍 서비스를 통해 영화를 즐기는 것은 분명 상품 이용 과정에서 '경험'에 돈을 지불하는 것이었다. 콘텐츠 혁명 시대에 콘텐츠는 우리의 오감을 통해 접하게 되며 실제 소비는 인지적인 경험 차원에서 이루어진다. 이러한 관점에서 디지털 시대의 콘텐츠는 경험재experience goods이다. 다시 말해 콘텐츠는 경험을 파는 것이다.

특히 정서적으로 소구되는 콘텐츠의 경험재적인 속성은 콘텐츠 소비의 동기를 내용물뿐 아니라 소비 과정에서의 다양한 경험을 통해서 발생한다.

콘텐츠 소비를 이해하기 위해서는 경험재로서의 콘텐츠 속성에 유의해야 한다. 콘텐츠는 삶의 질 향상과 경험의 확대에 매우 유용한 소비재이다. 콘텐츠는 지식과 오락의 경험을 제공한다. 콘텐츠가 없으면 우리는 무슨 즐거움으로 인생을 살겠는가. 어떻게 우리의 시간과 우리의 돈을 또 우리의 삶을 소비할 것인가. 스타벅스 매장에서 파는 커피는 물론 우리의 기호와 욕망을 충족시키는 재화이다. 소비자는 스타벅스에서 단지 커피 음료 자체를 구매하는 것뿐만 아니라 스타벅스의 세련된 삶의 여유를 소비하는 것이다. 소비자가 스타벅스의 커피 음료 자체를 마시고자 하는 것보다 커피를 통해 매장의 시크한 분위기를 즐기고자 하는 욕구가 크다면 소비 동기는 커피 음료 그 자체가 아니라 스타벅스의 소비자 경험에서 찾을 수 있다.

이런 의미에서 대형 서점에서 도서뿐만 아니라 다양한 강연과 전시회 등 다른 유형의 콘텐츠를 서점에 결합하여 소비자에게 '읽는' 경험뿐만 아니라 '보고' '듣고' '즐기는' 경험을 제공함으로써 소비를 촉진하는 것은 콘텐츠의 속성을 잘 간파한 상업 전략인 것이다. 콘텐츠 혁명 시대에는 물리적 제품 자체보다는 제품을 통해 얻는 소비자의 경험에서 가치가 창출된다. 즉 제품 중심에서 체험 중심으로 콘텐츠의 패러다임이 바뀌었다. 콘텐츠는 '소유'가 아니라 '경험'이다.

2

포노 사피엔스와
모바일 최적화 콘텐츠

아침에 일어나자마자 스마트폰을 보면서 하루를 시작하고 잠자기 직전에야 머리맡에 스마트폰을 내려놓는 일상이 점차 일반화되고 있다. 스마트폰은 단순한 휴대전화가 아니다. 우리는 2007년 스티브 잡스가 아이폰을 처음 세상에 소개했을 때만 해도 스마트폰을 세련된 휴대전화기 정도로만 생각했다. 그렇지만 지금 스마트폰은 우리가 세상을 보는 창이자 우리를 세상과 연결하는 통로이다. 혹시라도 스마트폰을 집에 두고 나왔다거나 잃어버리기라도 하면 불안에 시달리게 된다. 스마트폰의 부재는 세상과의 연결이 끊어진 것을 의미하기 때문이다.

모바일mobile은 본래 '움직일 수 있는'이라는 뜻으로 이동성이 있는 기기나 서비스를 가리키는 말이다. 스마트폰이나 태블릿 등이 여기에 해당하고 가볍게 휴대할 수 있는 게임 기기나 스마트 워치와 같

스마트폰은 '모바일' 시대의 아이콘이라 할 수 있다. 스마트폰은 우리의 신체와 가장 밀착해 있는 단말기이며 우리가 일상에서 가장 친밀하게 콘텐츠를 소비하는 플랫폼이다.

은 웨어러블 기기도 모바일에 포함된다. 그렇지만 일반적으로는 스마트폰이 모바일의 대명사로 쓰인다. 스마트폰은 지난 수년간 급속한 보급과 사용으로 모바일 서비스의 대표적인 단말기기로 자리잡았기 때문이다. 영국의 경제주간지 『이코노미스트』는 「스마트폰의 행성Planet of the phones」이라는 특집 기사에서 스마트폰 없이 생활하는 것이 힘들어진 세대를 '포노 사피엔스Phono Sapiens'라고 불렀다. 라틴어로 포노는 스마트폰을 의미한다.

　스마트폰은 아마도 인류 역사상 가장 빠르게 팔리고 가장 많이 사용되는 기계일 것이다. 스마트폰은 어느 틈엔가 콘텐츠를 소비하는 대표적인 단말기가 됐다. 스마트폰은 '모바일' 시대의 아이콘이라 할 수 있다. 스마트폰은 우리의 신체와 가장 밀착해 있는 단말기이며 우리가 일상에서 가장 친밀하게 콘텐츠를 소비하는 플랫폼이다. 스마트폰은 시공간의 제약을 뛰어넘어 온갖 정보와 엔터테인먼트 등을 사용할 수 있는 콘텐츠 소비 환경을 제공하여 우리의 삶을 콘텐츠로 풍부하게 했다. 이에 따라 콘텐츠 소비자들의 라이프 스타일은 큰 변화를 맞게 된다. 우선은 콘텐츠를 사무실이나 가정 등 고정된 장소에서 일정 시간 소비하는 것이 아니라 틈새 시간에도 즐길 수 있게 되었다.

지하철로 이동하는 중에 스마트폰으로 드라마를 보는 것은 그리 낯선 일이 아니다. 모바일을 통한 동영상 콘텐츠 소비가 일반화된 것이다. 모바일로 언제 어디서나 동영상을 찍고 또 찍은 즉시 인터넷에 올리는 것이 전혀 낯설지 않게 되었다. 그 결과 모바일 트래픽 중에서 동영상 스트리밍이 차지하는 비중도 급증했다. 앱을 이용한 스마트폰 콘텐츠 소비는 지상파나 케이블 TV 중심의 콘텐츠 유통 흐름에 균열을 가하면서 콘텐츠 시장의 무게 중심을 모바일로 이동시켰다.

모바일을 통해서 1인 방송을 보는 것도 자연스럽다. 사실 스마트폰만 있으면 누구든지 언제 어디서나 콘텐츠를 소비할 수 있고 또 원하면 직접 1인 방송을 만들어 유통할 수 있다. 스마트폰이 창출하는 모바일 문화는 콘텐츠의 포맷 양식과 구성 방식에 발랄하고 경쾌한 감각적 변화를 이끌어내고 있으며 모바일은 콘텐츠 소비의 지배적 플랫폼으로 자리잡게 됐다. 스마트폰을 터치하는 손가락을 지배하는 자가 콘텐츠 세상을 평정한다. 모든 콘텐츠 이용의 중심축이 오프라인에서 온라인 모바일로 이동하고 콘텐츠의 유통 행태 또한 이에 맞춰 변모하고 있다. 이러한 콘텐츠 환경에서 '모바일 퍼스트Mobile First'는 절체절명의 기치다.

글로벌 통신장비업체 에릭슨의 「모빌리티 리포트」에 따르면 전세

이동통신 데이터 트래픽 추이와 4G 비중 (PB/월, %)

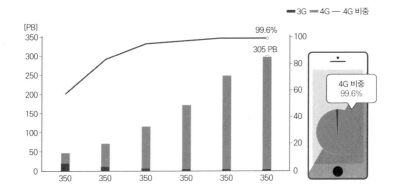

(출처: 한국전자통신연구원)

게 모바일 데이터 트래픽이 2023년까지 8배 급증한다고 한다. 특히 한국 등 동북아시아 지역이 3.2엑사바이트에서 21엑사바이트로 가장 많이 늘어날 것으로 분석했다. 보고서는 용량이 큰 고화질, 가상현실, 증강현실 등 실감형 콘텐츠가 늘면서 트래픽이 더욱 증가할 것이라고 내다봤다. 스마트폰과 태블릿PC 등을 포함한 전체 모바일 서비스 가입자는 2018년 3분기 기준 78억 명에서 2023년에는 91억 명까지 늘어날 것으로 추산됐다. 한국전자통신연구원ETRI의 「국내 모바일 트래픽 현황 및 전망치」에 따르면 우리나라의 인구 대비 모바일 보급률은 2017년을 기준으로 120%를 넘었고 2023년에는 우리나라 모바일 트래픽이 지금보다 10배 이상 증가할 거란 전망이다.

콘텐츠 혁명을 이야기하는 서두에 '모바일'을 꺼내든 것도 그만큼 모바일이 콘텐츠 혁명의 핵심적인 단말이기 때문이다. 모바일을 통한 콘텐츠 소비가 곧 미래 콘텐츠 산업의 핵심 서비스가 될 것이라는 데 많은 사람이 동의한다. 특히 모어 모바일More Mobile에서 유래되어 '모모세대'로 불리는 1990년 후반 이후 출생한 어린이들과 청소년들은 스마트폰과 태블릿을 통해 콘텐츠를 이용하는 것이 누구보다 자연스러운 모바일 세대다. 이들은 모바일 환경을 통해 콘텐츠의 창조자와 유통자 역할을 기꺼이 감당하고 있다.

세분된 소비자에 대한 맞춤형 콘텐츠 서비스가 미래 미디어 서비스의 특장점이라면 모바일은 개인화 서비스에 가장 가깝고 밀도 있는 단말기이다. 미디어로서의 편리성, 편재성, 개인성 등 어느 요소를 살펴보더라도 모바일의 위상은 이미 독보적이다. 콘텐츠 혁명 시대에 모바일을 콘텐츠 유통의 핵심 디바이스로 보는 이유는 시공간의 한계를 극복하여 이동성과 실시간 커뮤니케이션의 결합을 제공하고 있기 때문이다.

모바일로 콘텐츠를 소비하는 경향은 곧 '언제 어디서나' 이용할 수 있는 콘텐츠에 대한 수요를 엄청나게 불러일으켰다. 이것이 '스낵컬처'와 같은 부담 없는 내용과 형식의 콘텐츠가 선호되는 유튜브가 젊은 층을 중심으로 폭발적인 인기를 끌게 된 이유이다. 스낵컬처는 간식으로 가볍고 편리하게 먹는 스낵처럼 짧은 시간에 큰 부담 없이 편안하게 즐길 수 있는 문화 콘텐츠를 말한다. 웹소설, 웹드라마, 웹툰 등 스낵컬처 콘텐츠는 길어야 15분 안쪽의 내용물로 이동 중이나 자투리 시간에 스마트폰으로 시청하기에 적합한 짧은 길이의 동영상이다. 스낵컬처 콘텐츠가 인기를 끌게 된 것은 스마트폰의 보급이 결정적인 역할을 했음은 물론이다. 소소한 일상이 소비하기 수월한 형식의 짧은 길이의 영상에 담겨 소비자에게 제공되는 것이다.

좋은 예가 중국의 동영상 앱 '틱톡TikTok'이다. 틱톡은 매우 짧은 동영상에 경쾌한 배경음악과 아울러 이모티콘과 같은 다양한 AR 스티커들이 결합돼 독특하고 재미있는 콘텐츠를 제공하는 서비스이다. 틱톡은 15초짜리 영상이라 촬영이 수월하고 또 영상효과를 입히는 것이 스마트폰에 최적화되어 있어 그때그때 유행하는 간단한 댄스 영상을 공유하는 데 10~20대들의 폭발적인 인기를 끌고 있다. 틱톡은 2018년에 앱스토어와 구글 플레이어에서 유튜브, 페이스북, 인스타그램을 제치고 가장 많은 다운로드 수를 기록하였으며 이미 전 세계 150여 개국에서 5억 명 이상의 유저를 확보하고 있다. 우리나라의 경우에도 '우리는 재미를 창조한다We create fun.'라는 모토로 만들어진 '72초 TV'의 초 압축 드라마 「72초」의 인기몰이가 스낵컬처의 확산을 잘 보여주고 있다. 이와 같이 모바일에서 콘텐츠를 가볍게 소비할 수 있는 스낵컬처 트렌드는 웹툰과 웹소설이 책으로 출판되거나 영화나 드라마로 제작되는 등 콘텐츠 시장의 선순환 구조를 이루는 데 기여하였으며 적은 비용과 높은 광고 효과로 기업들의 틈새 마케팅 수단으로 주목받고 있다.

스낵컬처와 아울러 버티컬 플랫폼의 인기가 바뀐 콘텐츠 소비의 경향을 잘 보여준다. 버티컬 플랫폼은 특정 분야의 소식에 최적화된 플랫폼을 말한다. 즉 페이스북이나 트위터 등 다양한 정보와 기능이 종합적으로 나열된 것이 아니라 특정 관심 분야만 공유하는 플랫폼을 말한다. 기존의 콘텐츠 플랫폼에서 제공하는 정보, 오락, 뉴스의 홍수 속에서 많은 사람이 자신만의 특화된 관심사에 더 많은 시간을 할애하고자 한다. 게임, 뷰티, 패션 등으로 세분되어 사용자들의

Top Non-Game Apps by Worldwide Downloads for 2018 — SensorTower

Overall Downloads	App Store Downloads	Google Play Downloads
1 WhatsApp	1 TikTok	1 WhatsApp
2 Messenger	2 YouTube	2 Messenger
3 Facebook	3 WhatsApp	3 Facebook
4 TikTok	4 Instagram	4 TikTok
5 Instagram	5 Messenger	5 Instagram
6 UC Browser	6 Facebook	6 SHAREit
7 SHAREit	7 Google Maps	7 UC Browser
8 YouTube	8 Netflix	8 Vigo Video
9 Snapchat	9 Gmail	9 Snapchat
10 Vigo Video	10 Snapchat	10 YouTube

Note: Google Play downloads do not include pre-installed apps.

틱톡은 2018년에 앱스토어와 구글 플레이어에서 폭발적인 다운로드 수를 기록하였으며 전 세계 150여개국에서 5억 명 이상의 유저를 확보하고 있다. (출처: 센서타워)

개인화된 욕망을 충족시켜 주는 콘텐츠에 대한 수요가 증가하고 있다. 기존의 플랫폼이 종합편성 채널이라면 버티컬 플랫폼은 특정 정보와 취향에 관심 있는 소비자들을 겨냥한 틈새 시장niche market이다. 사진 중심으로 일상을 공유하는 인스타그램Instagram, 음악 전문 스포티파이Spotify, 이미지 중심 공유 사이트 핀터레스트Pinterest, 인맥과 구인구직 전문 사이트 링크드인LinkedIn 등이 대표적인 버티컬 플랫폼이다.

원래 버티컬vertical은 '수직의' 혹은 '세로'를 뜻하는 형용사이다. 버티컬 콘텐츠라고 한다면 좁은 의미에서는 말 그대로 '세로' 형태의 화면으로 볼 수 있는 콘텐츠를 말한다. 스마트폰의 형태를 생각하면 쉽다. 스마트폰이 대세가 되면서 세로로 찍은 동영상이 많아졌기 때문이다. 실제로 우리가 스마트폰을 사용하는 경우 대부분 세로로 들고 사용하며 콘텐츠를 소비하는 것이 일반적이다. 실제로 유튜브에는 스마트폰으로 세로로 촬영한 비디오가 업로드되는 비율이 매우 높아졌다. 이러한 경향에 발맞추어 스냅챗은 3V(버티컬 비디오 뷰스 Vertical Video Views)라는 광고 플랫폼을 출범시켰다. 세로로 된 광고 동영상이 가로로 된 광고보다 몰입도engagement rate가 9배나 더 높다는 것이다.

그렇지만 일반적으로는 버티컬 콘텐츠는 포맷보다 내용상 특정 정보에 관련된 세분화되고 특화된 콘텐츠를 의미한다. 예를 들어 먹방이나 쿡방은 취향에 따른 대리 충족을 제공하는 버티컬 콘텐츠이다. 사람들은 먹방이나 쿡방을 보면서 함께 먹는 듯한 유대감을 느끼고 정서적 허기를 달랜다. 버티컬 콘텐츠의 특장점은 같은 취향의 사람끼리 공감하고 공유하는 것이다. 콘텐츠 혁명 시대에 소비자 경험은 창작자들이 갖는 버티컬한 전문성을 바탕으로 확장된다. 버티컬 콘텐츠는 특정 분야를 기반으로 소비자들의 높은 몰입도와 충성도를 기대할 수 있고 점점 세분화되고 다양해지는 라이프 스타일에 따라 소비자 경험을 확장하면서 그 시장 가능성을 키우고 있다. 자신만의 색깔과 성향에 집중하는 취향 소비Taste consumption는 콘텐츠 혁명 시대를 특징짓는 주요한 트렌드다.

　콘텐츠 혁명은 이제 오프라인을 넘어 온라인으로 그리고 모바일로 콘텐츠 플랫폼의 축을 바꾸었다. 미디어 환경 변화는 우리 모두를 모모 세대로 변모시키고 있다. 콘텐츠 소비 패턴은 '린백lean back'에서 '싯포워드sit forward'로 바뀌었다. 즉 지상파와 케이블 TV로 통칭되는 이른바 레거시 미디어의 정형화된 콘텐츠를 거실에서 소파에 기대어 린백해 시청하던 소비 경향이 개개인의 세분화된 소비자 경험을 충족시키기 위해 스마트폰이나 태블릿을 바로 눈앞에 두고 시청하는 모바일 시대의 싯포워드 모델로 변화된 것이다. 따라서 '모바일 퍼스트' 전략은 '인공지능 퍼스트' 시대에도 여전히 옳다. '데이터 퍼스트' 시대에서도 '모바일 퍼스트'는 여전히 유효하다. 인공지능이나 데이터 할 것 없이 모바일이라는 플랫폼에서 그 진가를 제대로 발휘하기 때문이다. 모바일 시대를 맞아 양방향성은 더욱더 강화되고 모바일 가독성이 높은 콘텐츠와 모바일에 최적화된 방식의 인링크 서비스가 주목받게 될 것이다. 경쟁력 있는 콘텐츠는 모바일에서 비로소 빛난다. '모바일에 최적화된 콘텐츠', 콘텐츠 혁명의 핵심 키워드가 아닐 수 없다

3

콘텐츠 소비의 대세는 동영상

　애초 콘텐츠가 미디어의 형태로 유통될 때는 '텍스트'를 기반으로 시작했다고 보는 것이 일반적이다. 이후 '텍스트'보다 '이미지'의 감성적인 소구력이 더 주목을 받기 시작했다. 포토 저널리즘이 한껏 영향력을 발휘한 것도 이때이다. 그렇지만 일반적으로 정지 영상still image보다는 움직이는 영상moving image이 더욱 강력한 소구력을 지닌 것은 두말할 나위가 없다. 똑같은 콘텐츠를 전하더라도 소비자로선 어떤 포맷으로 소구하느냐에 따라 그 반응도가 확연히 달라질 수 있다. 콘텐츠 생산자와 유통자들은 동영상이 다른 형식의 콘텐츠에 비해 더 높은 소구력을 가지고 있으며 더 많은 트래픽을 견인하고 있다는 것을 간파했다. 똑같은 콘텐츠를 전하더라도 어떤 포맷으로 소구하느냐에 따라 소비자 반응은 확연히 달라진다. 특히 소비자의 콘텐츠에 대한 체류 시간과 몰입도에 있어서 동영상 포맷의 위력은 절

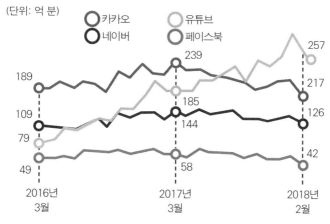

국내 4대 애플리케이션 사용시간

(단위: 억 분)　○ 카카오　　○ 유튜브
　　　　　　○ 네이버　　○ 페이스북

189
109
79
49

239
185
144
58

257
217
126
42

2016년
3월

2017년
3월

2018년
2월

(자료: 와이즈앱)

대적이다.

　세계 최대의 동영상 공유 사이트인 유튜브는 미국뿐만 아니라 한국에서도 가장 오랜 시간 사용하는 앱이 됐다. 전통의 포털 네이버와 국민 메신저 카카오톡을 누른 것이다. 앱 분석업체 와이즈앱에 따르면 유튜브, 카카오톡, 네이버, 페이스북 등 한국인이 많이 사용하는 모바일 앱의 지난 2년간 소비 시간 동향을 볼 때 유튜브의 도약과 국내 서비스들의 참패가 주목된다. 2018년 3월 한국인들의 유튜브를 사용한 시간은 257억 분. '국민 메신저' 카카오톡의 179억 분을 멀찌감치 따돌렸다. 네이버는 126억 분. 유튜브의 절반에 그쳤고 페이스북은 42억 분에 머물렀다.

　이러한 경향은 콘텐츠 소비와 정보 전달 트렌드가 동영상으로 흘러가고 있다는 것을 뜻한다. 네트워킹 솔루션 제공업체 시스코에 따르

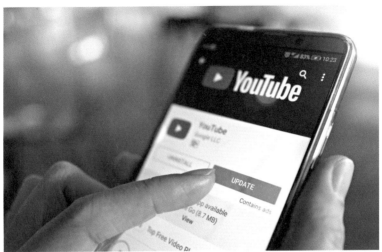
'만나면 좋은 친구'는 이제 TV가 아니라 유튜브다. 오죽하면 '갓튜브'란 말이 나오겠는가

면 2018년 전 세계 인터넷 트래픽의 77%가 동영상 시청에서 발생하였다고 한다. 이 수치는 매년 31% 이상 꾸준히 증가해 2021년에는 전체 인터넷 트래픽의 81.4%가 동영상 콘텐츠를 소비하면서 발생할 것으로 내다보고 있다. 이것은 콘텐츠 소비의 대세가 동영상 시청에 있다는 것을 보여준다.

검색 서비스도 마찬가지다. 유튜브는 동영상에 친숙한 1020세대를 중심으로 급속히 확산되면서 토종 기업들의 아성인 검색시장까지 파고들며 한국 인터넷 산업 지형 자체를 바꾸는 모습이다. 동영상으로 새로운 정보를 얻는 트렌드는 젊은 세대의 보편적인 현상이다. 심심하면 유튜브에 접속하여 재미있는 클립을 찾아본다. 음악을 듣고 싶을 때도 유튜브의 동영상이 함께한다. 네이버 지식 검색의 '설명'보다 유튜브 '하우투how to' 동영상 비디오를 중심으로 하는 '보여주는' 서비스가 압승을 거둔 것이다. 전통적인 '읽는' 검색값은 '보여주는' 검색값을 따라가지 못한다. 더욱이 동영상 콘텐츠에서 애니메이션과 모션 그래픽 등 다양한 장치들이 실사 동영상을 지원하고 비디오 스토리텔링이 점차 정교해지면서 대세는 굳어지는 것으로 보인다. 10대, 20대뿐만 아니라 이제 '아재'들도 유튜브에 몰려들기 시작했다. 유시민의 '알릴레오'와 홍준표의 '홍카콜라'가 수십만의 구독자를 모으고, 수많은 정치인들이 유튜브를 통해 지지자들을 모으고 유권자들과 소통하려고 한다. '만나면 좋은 친구'는 이제 TV가 아니라 유튜브다. 오죽하면 '갓튜브'라는 말이 나오겠는가.

동영상이 대세가 된 것은 일시적 트렌드 변화가 아니라 콘텐츠 패러다임 자체의 전환으로 봐야 한다. 소비자들은 정지 이미지 대신에 연속적으로 움직임이 있는 콘텐츠를 선호하고 모든 커뮤니케이션을 동영상으로 대신하고 있다. 이처럼 동영상 콘텐츠에 대한 소비 수요의 증가는 인터넷 동영상 광고시장의 성장을 이끌고 있다. 글로벌 마케팅 컨설팅업체 매그나글로벌Magnaglobal은 2018년 전 세계 인터넷 동영상 광고시장은 전년 대비 29% 성장한 290억 달러(한화 32조 4,500억 원) 규모였으며 2022년에는 시장 규모가 2배 이상 성장한 600억 달러(67조 1,400억 원)를 넘어설 것으로 전망하고 있다.

동영상이 콘텐츠 소비의 대세라는 것은 뉴스 콘텐츠 소비 트렌드 변화에서도 확연히 드러난다. 전통적으로 뉴스 콘텐츠는 종이신문을 통한 콘텐츠 소비로 시작했고 또 100여 년 이상 그 경향이 지속됐으나 인터넷이 보편화되면서 종이신문을 통한 소비는 눈에 띄게 줄어들었고 그에 비례하여 온라인 포털을 통한 소비가 증가했다. 소비자들은 포털에서 뉴스를 검색하여 읽거나 자신이 선택한 온라인 뉴스 가판대 메뉴에서 포털이 취사 선택해주는 뉴스를 읽었다.

이렇듯이 포털은 불과 몇 년 전까지만 하더라도 뉴스 소비의 주 플랫폼으로서 기능했다. 그렇지만 포털이 뉴스 플랫폼에서 차지하던 절대적인 위치는 최근 많은 사람이 페이스북이나 트위터 같은 소셜 미디어에서 뉴스 콘텐츠를 소비하면서 흔들리기 시작했다. 뉴스 콘텐츠 소비의 중심이 종이신문과 TV에서 포털로 또 이제 포털에서 소셜 미디어로 이동한 것이다. 그런데 페이스북과 같은 소셜 미디어에서 소비되는 뉴스는 이전까지와는 다른 포맷, 즉 동영상 형식으로 많이 소비되고 유통되는 것을 알 수 있다.

사실 뉴스의 패러다임 자체가 많이 바뀌었다. 뉴스의 제작, 유통, 소비의 과정이 변했고 제작자와 소비자의 구분이 없어졌으며 '새로운 소식'이라고 이해되던 뉴스의 정의나 개념마저도 모호해졌다. 이제는 바야흐로 뉴스 콘텐츠의 소셜 라이브 스트리밍 시대가 됐다. 그렇지만 변하지 않은 것은 사람들의 뉴스에 대한 관심과 소비이다. 우리가 뉴스에 관심을 두는 이유는 분명하다. 그것은 뉴스가 아주 매력적이고 강력한 콘텐츠이기 때문이다. 시간과 장소와 관계없이 사람들의 관심을 끄는 데 최적의 콘텐츠가 바로 '뉴스'이기 때문이다. 실시간으로 24시간 내내 업데이트되는 것도 뉴스 콘텐츠의 매력을 더한다. 늘 새로운 소비 수요가 끊임없이 생산되기 때문이다. 새로워진 뉴스의 패러다임은 필연적으로 소비자의 요구와 선택을 존중하게 한다. 온라인에서 동영상 뉴스 포맷은 전통적인 텍스트와 정지 이미지 중심의 포맷보다 훨씬 많은 뉴스 트래픽을 일으키고 더 높은 소비자 도달률을 보였다.

전 세계의 언론사들은 이러한 미디어 패러다임 변화에 적응하기 위해 너도 나도 동영상 라이브 중계에 뛰어들었다. 미국에서는 2016년에 열린 대선 토론을 기점으로 페이스북, 유튜브, 트위터를 비롯해 소셜 미디어뿐만 아니라 기존의 레거시 미디어인 CBS, NBC, CNN 등 거의 모든 영향력 있는 방송, 언론사들이 동영상 뉴스를 온라인에서 라이브로 중계했다. 케이블 뉴스의 대명사 CNN은 자체 홈페이지에서 뉴스 동영상 라이브 서비스를 제공했는데 2,700만 명이 라이브를 시청했고 동시 접속은 230만 명까지 기록했다고 한다. 대개 케이블 뉴스 채널의 평균 시청자 수가 200~300만 명임을 고려할 때 그에 상응할 만한 트래픽이 온라인의 동영상 라이브 중계에서 나온 것이다.

동영상 라이브 중계가 소비자에게 유통되는 방식은 방송이 아니라 데이터 전송, 즉 스트리밍 기술을 이용한 OTT 서비스이다. OTT 서비스는 소통에 능하다. 경쟁력 있는 뉴스 플랫폼은 소비자들과 소통하며 뉴스 콘텐츠를 찾아내고 또 소비자가 원하는 방향으로 뉴스 콘텐츠를 분류하여 전달한다. 소비자들의 피드백이 바로 뉴스 콘텐츠에 반영된다. OTT 서비스를 통한 뉴스 콘텐츠 서비스는 기존의 언론보다 소비자에게 개방적이고 신속하게 대응한다. 즉 OTT 서비스 시대 뉴스 콘텐츠의 생산과 유통은 미디어 이용의 패러다임이 더욱 소비자 중심으로 변모했다는 것이다. 이것은 앞으로 OTT 서비스가 기존의 패키지 판매에서 탈피해 소비자가 원하는 뉴스 콘텐츠만 선별적으로 제공하는 알라카르테A-La-Carte 형태의 서비스로 진화하는 것을 의미한다.

우리나라에서는 2016년 겨울 광화문 촛불 집회가 기존 미디어의 지형이 완전히 흔들린 것을 보여주는 상징적인 사건이었다. 촛불 집회는 뉴스 콘텐츠의 동영상 라이브 시대를 열었다. 팩트TV와 오마이TV 등 인터넷 미디어들은 자체 홈페이지와 아프리카TV나 유튜브 등의 플랫폼을 통해 광화문 촛불 집회 현장을 라이브로 중계했다. 촛불 집회를 계기로 하여 동영상 뉴스 콘텐츠 라이브 방송은 급속한 성장을 보였다. 동영상 뉴스 콘텐츠 확산의 전조를 따지자면 좀 더 시기를 거슬러 올라가야 한다. 애초 우리나라에서 스트리밍 서비스를 이용하여 뉴스 유통의 혁명을 이끈 것은 뉴스타파, 국민TV, 프레시안 등 인터넷 대안 뉴스 미디어들이다.

이들 매체들은 보수적인 기조의 기존 언론과 비교되며 탐사 저널리즘에 대한 진보 진영의 대안 미디어로 등장했다. 허핑턴포스트도 한겨레와 함께 2014년 2월 '허핑턴포스트코리아' 서비스를 시작했다. 허핑턴포스트코리아는 이용자들이 SNS상의 친구들과 교류하면서 뉴스 콘텐츠에 대한 관여도와 트래픽을 높이도록 설계됐다. 이러한 대안 인터넷 뉴스 미디어들은 세분화된 시청자들의 의미 있는 호응과 스마트폰의 보급에 힘입어 상당한 수준의 트래픽을 기록하게 됐다.

레거시 미디어들도 온라인에서 뉴스 콘텐츠를 소비하는 경향이 극명하게 드러남에 따라 OTT 서비스를 이용한 뉴스 서비스에 뛰어들게 된다. 2013년 종합편성채널 JTBC는 메인 뉴스 프로그램을 포털 사이트를 통하여 생중계하는 서비스를 시작했다. 당시만 해도 우

스마트폰으로 동영상 라이브 중계가 가능해지면서 소셜 미디어를 통한 뉴스 콘텐츠 유통이 급속도로 확산되고 있다.

리나라에서 TV 방송사가 그동안 한 번도 시도해보지 않았던 새로운 뉴스 유통 방식이었다. JTBC는 메인 뉴스를 온라인 포털인 네이버와 다음에서 제공했다. 아울러 동영상을 공유하는 소셜 플랫폼인 유튜브에서도 그대로 중계하기 시작했다. 이러한 유통의 다원화는 JTBC 뉴스에 대한 이용량의 증가를 뚜렷이 견인했다. JTBC가 메인 뉴스의 온라인 생중계를 시작한 지 3주 만에 누적 시청자 수가 100만 명을 돌파했다. 이러한 사실은 지상파 방송사들을 자극했고 이후 KBS는 메인 뉴스 프로그램인 「뉴스9」를 다음에서 생중계하기 시작했다. 이것은 뉴스 매체들이 동영상 콘텐츠의 라이브 중계 플랫폼을 확보하려는 치열한 경쟁에 뛰어들기 시작했다는 것을 의미한다.

전통적인 뉴스 콘텐츠의 생산자와 유통자의 관계가 뒤틀려졌다. 우리나라에서 뉴스 유통의 '갑'이 전통적인 종이신문과 TV에서 포털로 옮겨간 지 이미 오래됐다. 그동안은 네이버가 국내 뉴스 플랫폼의 지존 자리를 지켜왔지만 소셜 미디어를 통한 뉴스 소비가 확장되면서 유통의 중심이 포털에서 소셜 미디어로 이동할 조짐이 보인다. 다시 말해 이제까지는 네이버에서 노출되는 뉴스를 소비하다가 점차 페이스북에서 선별한 뉴스 콘텐츠를 소비할 가능성이 커지고 있는 것이다. 뉴스 콘텐츠 소비의 중심축이 포털에서 소셜 미디어로 이동하는 경향은 미국 발發 전세계 향向이다.

미국 실리콘밸리의 글로벌 메이저 기업들은 앞을 다투어 혁신적인 뉴스 서비스를 내놓고 있다. 페이스북은 2015년에 『뉴욕타임스』와 「버즈피드」를 비롯한 유력 뉴스 매체들과 제휴해 '인스턴트 아티클'이라는 뉴스 서비스를 시작했다. 이 서비스는 뉴스 소비자의 사용자 경험을 극대화한 것이다. 뉴스피드에서 보이는 인스턴트 아티클을 클릭하면 사용자는 언론사 웹사이트로 이동하지 않고도 바로 뉴스 기사를 읽을 수 있다. 인스턴트 아티클은 페이스북의 자체 퍼블리싱 툴을 통해 이미지와 동영상뿐 아니라 최근 페이스북에서 집중 투자하고 있는 '라이브 동영상' 기능까지 그 자리에서 즉시 재생해볼 수 있으며 다양한 인터랙티브 경험을 제공한다.

트위터도 2015년부터 라이브 서비스인 '페리스코프'를 통해 실시간 라이브 영상을 타임라인에서 자동 재생할 수 있도록 했다. 페리스코프는 출시 4개월 만에 사용자 1,000만 명을 넘겼고 1년 만에 2억 회의 방송 횟수를 기록했다. 애플은 운영체제 iOS9부터 '애플 뉴스'를 탑재하여 『뉴욕타임스』를 비롯한 50개 언론사의 뉴스 콘텐츠를 제공한다. 이것은 소비자 취향에 맞추어 콘텐츠를 추천해주는 뉴스 큐레이션 앱이다. 페이스북과 애플 등 내로라하는 이들 사업자들이 뉴스 최적화 사업에 뛰어드는 이유는 무엇일까? 그 이유는 바로 동영상 뉴스 콘텐츠가 소비자를 유인하는 힘이 강력하기 때문이다. 그 속내는 뉴스 소비자들을 자신들의 플랫폼 생태계 안에 잡아두겠다는 '이용자의 이탈 방지'에 있다. 즉 일단 찾아온 손님이 링크를 타고 다른 사이트로 가지 못하게 하고 자신의 플랫폼 가두리 안에서 필요한 콘텐츠를 소비하게 함으로써 체류시간을 늘려 광고수익을 높이겠다는 전략으로 분석된다. 고품질의 동영상 콘텐츠는 충성고객 자신의 사이트에 머물게 록인lock-in하고 사용자 간 네트워크 효과 극대화에 매우 효과적이기 때문이다.

뉴스뿐만이 아니다. 이용자의 콘텐츠 소비 습관이 동영상으로 옮겨가고 있음은 주요 동영상 플랫폼의 사용자 수나 사용시간을 보면 알 수 있다. 세계 최대의 동영상 스트리밍 서비스업체 넷플릭스는 전세계 190개국에서 1억 1,700만 명의 가입자를 보유하고 있다. 대표적인 동영상 공유 사이트인 유튜브는 2018년 5월 기준 세계 월간 이용자 수가 18억 명을 넘어섰다. 젊은 층에서는 이제 검색도 동영상을 하는 시대다. 여기에 페이스북은 동영상 스트리밍 서비스 '워치Watch'를 2017년 미국에서 처음 선보인 이후 1년 만에 전세계로 확대해 출시했다. 국내 동영상 서비스도 마찬가지다. 지상파 연합의 동영상 스트리밍 서비스 푹Pooq은 꾸준히 가입자를 증가시키며 2019년 4월 기준 약 72만 명의 가입자를 보유하고 있다. 2019년 벽두에 발표된 SK텔레콤의 동영상 OTT 서비스인 '옥수수'와 KBS·MBC·SBS 등 지상파 3사의 OTT '푹'의 합병 소식은 의미심장하다. 두 서비스의 가입자 수를 더하면 약 1,300만 명으로 단연

네이버의 동영상 서비스 V앱

국내 최대다. 몸집을 키워 글로벌 OTT 시장에서 경쟁력을 갖겠다는
것이다. 그만큼 동영상 콘텐츠 시장에서의 패권 다툼이 치열해졌다
는 방증이다.

왓챠플레이는 2018년 누적 재생횟수 1억 회를 기록하며 1년 전보
다 4.7배 늘어나는 성장세를 보였다. 카카오는 콘텐츠를 유통하는 플
랫폼 '카카오페이지'를 런칭하고 2018년 1월부터 주문형 동영상 콘
텐츠를 제공하기 시작했다. 카카오는 웹툰 IP를 드라마화하는 등 콘
텐츠를 동영상화하는 작업에 공을 들이고 있다. 네이버는 스마트 세
대를 겨냥한 동영상 플랫폼 '브이 라이브'나 '스노우' 등에 사활을 걸
고 있다. 네이버의 한성숙 대표는 2018년 7월 "인터넷 시장은 이용
자 행태 변화와 기술 발전에 따라 동영상 중심으로 빠르게 재편되고
있다"며 "포털과 소셜미디어 소비시간은 정체된 반면 동영상 콘텐츠
소비시간은 압도적으로 빠르게 증가하면서 포털의 경쟁 지위가 약

해지는 상황"이라며 글로벌 동영상 플랫폼 유튜브의 국내 시장 잠식에 적극적인 동영상 콘텐츠 투자로 맞서 글로벌 기업으로 성장하겠다는 계획을 밝혔다. 이와 같은 변화는 동영상 중심으로 재편되고 있는 소비자 콘텐츠 소비 패턴에 맞추어 플랫폼을 강화하는 전략으로 분석할 수 있다. 이제 콘텐츠 소비의 대세는 동영상에 있다.

4

소비자 중심의 온 디맨드

필자는 1991년부터 방송사에서 PD로 일했으니 벌써 30년이 가까이 된다. 1990년대 초반 방송사에서 PD들에게 업무를 분담하는, 즉 프로그램별로 담당 PD를 정하는 일은 대개 봄가을에 한 번씩 있는 편성 프로그램 개편에 맞추어서 시행됐다. 당시 PD들은 프로그램을 두고 '작품'이라고 했다. "배 PD, 다음 작품은 뭐야?" 하는 식이다. PD들은 단순히 프로그램을 만드는 제작자가 아니라 작품을 만드는 예술적 창조물의 장인이었다. 이후 2000년대를 넘어서면서 대부분의 방송물들은 작품이라기보다는 그냥 '프로그램'이라고 불리었다. 방송물이 가지는 개별적 완성도보다는 TV 채널의 편성을 채우는 내용물이라는 개념이 강조되어 일반화된 것이다.

원래 프로그램은 '미리 쓴다.'라는 라틴어에서 유래된 용어다. 음악회나 공연에서 노래나 구체적인 활동 내용의 순서를 미리 짜놓는 것을 의미한다. 방송물에서 프로그램이란 용어를 사용하는 것도 미리 계획한 대로 만든다는 것에서 유래했다. 프로그램은 순차적으로 처리되거나 진행되는 일을 가리킨다는 의미에서 컴퓨터의 작업 처리 프로세스를 뜻하는 용어이기도 하다. 그런즉 방송물을 가리킬 때 프로그램이라는 용어를 사용한 것은 뉴스, 오락, 드라마 등의 내용물이 TV나 라디오 같은 방송 매체를 통해 편성에 따라 순차적으로 방송되었기 때문이다.

편성이란 목표로 하는 시청자를 최대한 자기 채널로 끌어들이기 위해 방송물에 시간을 부여하여 차례로 정리하는 것을 말한다. 이렇게 정리하는 목적은 방송 순서에서 규칙성을 부여하여 시청자가 예측 가능하게 프로그램을 소비할 수 있도록 하는 데 있다. 즉 편성은 방송물을 소비자에게 서비스하는 순차적인 스케줄을 짜는 일이다. 일반적으로 주부들을 대상으로 하는 프로그램은 직장인들이 출근한 이후 오전 시간대에 배치하고 어린이를 대상으로 하는 프로그램은 오후 시간에 배치하는 등 소구 대상에 따라 적절한 방송의 시간대를 찾는다. 직장인들이 퇴근한 이후 저녁 시간에 메인 뉴스를 방송하고 여행 프로그램은 금요일에 배치하여 주말 나들이에 효율적으로 활용할 수 있도록 하는 것이다.

그렇지만 콘텐츠 혁명 시대에는 이러한 편성에 얽매이지 않고 소비자가 선택의 자유를 누린다. OTT 서비스의 발달로 내가 원하는 시간에 방송물을 소비할 수 있기 때문이다. 윌리엄스가 말한 편성은 '계획된 흐름planned flow'이었다. 그렇지만 지금은 방송물이 이러한 '계획된 흐름'의 선형적인 편성에서 벗어나 소비자 선택의 폭과 기회

인터넷을 기반으로 하는 새로운 플랫폼들은 저마다 매력적인 콘텐츠를 쌓아두고 소비자들의 탑승을 유혹하고 있다.

가 확장됐다. 젠킨스, 포드, 그리고 그린은 텔레비전이 '약속기반모델 **appointment-based model**'에서 '참여기반모델**engagement-based model**'로 이동하고 있다고 설명했다. 방송사가 가지는 편성의 의미는 약화되고 개별 프로그램 단위의 경쟁력이 더 중요하다는 것이다.

이제 방송물을 단순히 '프로그램'으로 칭하는 것은 적절해 보이지 않는다. 방송물이 편성의 틀에 묶여 있지 않기 때문이다. 콘텐츠 혁명 시대에는 일방적으로 주어지는 편성표보다 직접 찾는 검색창이 더 의미가 있다. 따라서 '편성'이라는 틀 안에서 순차적인 방송물이란 의미에서 유래한 '프로그램'이라는 용어보다 매체의 내용물을 가리키는 개념어인 '콘텐츠'로 지칭하는 것이 더 적절할 것이다. 즉 뉴스 프로그램, 드라마 프로그램, 오락 프로그램이 아니라 뉴스 콘텐츠, 드라마 콘텐츠, 오락 콘텐츠로 부르는 것이 타당하다. 미디어 환경의 변화에 따라 '프로그램'이 아니라 '콘텐츠'다.

사실 콘텐츠는 우리 주변에 넘쳐난다. 우리는 아침에 일어나서 밤에 잠자리에 들 때까지 거의 쉴 틈 없이 콘텐츠를 소비한다. 스마트폰을 보는 것으로 혹은 라디오의 음악이나 TV 뉴스를 켜는 것으로 아침을 시작해서 하루 종일 온갖 텍스트, 그림, 동영상을 소비한다. 실제로 세계 콘텐츠 산업은 엄청난 규모로 지속적인 성장세를 보여주고 있다. 한국콘텐츠진흥원의 「2017 해외 콘텐츠 시장 동향 조사」에 따르면 2012년 1조 6,670억 달러(약 1,872조 410억 원)인 세계 콘텐츠 시장 규모는 2016년 2조 810억 달러로 성장했다. 5년 동안 연평균 5.7%의 성장을 보여주고 있는 것이다. 2020년에는 2조 5,601억 달러(약 2,876조 30억 원)에 이를 것으로 전망되고 있다.

콘텐츠가 담긴 그릇도 다양해졌다. 신문이나 방송 등 기존 레거시 미디어뿐만 아니라 인터넷을 기반으로 하는 새로운 플랫폼들은 저마다 매력적인 콘텐츠를 쌓아두고 소비자들의 탑승을 유혹하고 있다. 사실 불과 20년 전만 해도 우리나라에는 방송 채널이 4개밖에 없었다. 그런데 지금은 수십, 아니 수백 개의 채널에서 엄청나게 많은 콘텐츠가 전파를 탄다. 동영상 콘텐츠를 본다고 굳이 TV 수상기 앞에 앉을 필요도 없다. 인터넷에 어마어마하게 많은 콘텐츠가 널려 있고 또 지금 이 순간에도 새로운 콘텐츠가 엄청난 속도로 쌓여가고 있다. 유튜브에는 1분마다 72시간 분량의 동영상이 업로드되고 페이스북에서는 300만 개의 콘텐츠를 사용자들이 공유하며 매일 23만장의 사진이 인스타그램에 게재된다고 한다. 이전 시대에는 생각하지도 못했던 방대한 양의 콘텐츠가 생산되고 있는 것이다.

이렇게 많은 콘텐츠가 생산되는 것은 그만큼 콘텐츠가 많이 소비되고 있다는 방증이다. 특히 최근 들어 콘텐츠 소비는 엄청나게 빠른 속도로 또 큰 폭으로 늘어나고 있다. 기술의 발달과 디지털화의 진전으로 콘텐츠를 소비할 수 있는 플랫폼과 디바이스가 비약적으로 증가하고 보급된 덕분이다. 그렇지만 기본적으로는 우리 삶의 질이 향상되고 또 복잡해지면서 인간의 감성, 상상력, 창의력을 원천으로 하는 콘텐츠에 대한 수요와 문화적 욕구가 커지고 있기 때문이다. 곧 삶을 즐기는 방식이 콘텐츠 소비라는 문화 현상으로 자리잡은 것이다. 그렇다면 여기에서 콘텐츠를 역방향으로 정의해보는 것도 가능할 것 같다. 즉 우리가 시간을 내가며 소비하게 하는 무언가가 바로 콘텐츠이다. 다시 말해 콘텐츠는 우리의 시간을 소비하게 하는 모든 것이다.

『나이키의 상대는 닌텐도이다』라는 책을 보면 소비자의 시간을 점유하는 것이 얼마나 중요한 것인지를 잘 알 수 있다. 나이키와 닌텐도는 둘 다 소비자들에게 여가 시간의 놀이를 제공하는 사업을 한다. 많은 청소년이 농구를 하다가 농구공을 내려놓고 닌텐도 게임에 열중한다면 나이키는 경쟁자 닌텐도에게 소비자를 빼앗긴 것이다. 그래서 나이키와 닌텐도는 경쟁 상대인 것이다. 이제 어떻게 소비자의 시간을 확보하느냐가 기업의 승패를 좌우한다.

넷플릭스를 창업한 리드 헤이스팅스Reed Hastings는 경쟁 상대가 누구냐는 질문에 사용자들의 잠이 바로 경쟁자라는 의미로 "우리는 잠

넷플릭스를 창업한 리드 헤이스팅스는 경쟁 상대가 누구냐는 질문에 사용자들의 잠이 바로 경쟁자라는 의미로 "우리는 잠과 경쟁한다."라고 말하면서 넷플릭스의 콘텐츠 서비스에 대한 자신감을 드러냈고 동시에 콘텐츠는 소비자의 시간을 빼앗는 것이라는 명제를 확인시켜 주었다.

과 경쟁한다We are competing with sleep."라고 말하면서 넷플릭스의 콘텐츠 서비스에 대한 자신감을 드러냈고 동시에 콘텐츠는 소비자의 시간을 빼앗는 것이라는 명제를 확인시켜 주었다. 그렇지만 소비자들의 시간은 한정적이다. 따라서 이 시간을 빼앗기 위한 플레이어들의 싸움이 첨예한 곳이 바로 콘텐츠 산업이다. 그렇다면 이러한 시대에 어떤 콘텐츠가 좋은 콘텐츠일까? 소비자의 필요와 취향에 따라 좋은 콘텐츠의 기준이 달라지게 마련이므로 어쩌면 우문愚問이다. 현답賢答을 찾자면 우리의 시간을 기꺼이 소비하도록 하는 콘텐츠가 훌륭한 콘텐츠임에는 두말할 나위가 없다. 콘텐츠 사업자들의 명운은 자사의 콘텐츠를 어떻게 소비자의 시간 안에 들어가게 하느냐에 달려 있다.

소비자 맞춤형 서비스는 언제나 옳다. 다양한 기술 혁신으로 시장을 선도하는 글로벌 기업의 성공 사례에서 공통점은 하나같이 소비자 중심을 기업 전략으로 삼았다는 것이다. 소비자 관련 데이터를 기반으로 전자상거래를 주도한 아마존이 그러하고 소비자 맞춤형 생산 체계를 구축해 소비자 반응을 통해 다시 새로운 맞춤형 서비스를 제공하는 커피 전문점 스타벅스가 좋은 예다.

이제 소비자는 단순한 이용자가 아니다. 콘텐츠에 대한 주도권이 소비자에게 있기 때문이다. 유튜브는 광고에 대한 선택권을 소비자에게 제공하고 있다. 트루뷰True View는 동영상 광고가 시작되면 소비자가 그 광고를 볼 것인가 말 것인가를 묻고 원치 않을 경우에 뛰어넘을 수 있는 광고 형식을 말한다. 이것은 소비자의 선택권을 존중한 광고 형태이다. 이제 소비자들은 자신이 선호하는 콘텐츠만 찾아서 시청할 권리를 행사하기 때문이다. 콘텐츠 혁명의 시대에 진정 중요한 것은 매체가 아니라 소비자이다. 콘텐츠 혁명은 소비자 중심의 온디맨드On demand를 실현한다. 소비자의 요구, 취향, 경험에 최적화된 콘텐츠가 제대로 된 콘텐츠이다. 콘텐츠 혁명의 처음과 끝은 사용자에게 최고의 콘텐츠 소비 경험을 제공하는 것이다.

5
푸쉬 콘텐츠가 아닌
풀 콘텐츠 전략

전통적으로 콘텐츠 산업은 콘텐츠를 소비자의 의식에 '밀어 넣는 푸쉬push' 상품이었다. 소비자들에게 무작정 콘텐츠와 서비스를 들이미는 방식은 그야말로 옛날의 일이 됐다. 이제 콘텐츠는 소비자들을 끌어들여야 한다. 세계 최대의 동영상 공유 플랫폼인 유튜브가 좋은 예다. 유튜브는 콘텐츠 제작자들을 끌어들여 플랫폼에 콘텐츠를 마련했다. 그리고 유튜브 파트너스 프로그램을 통해 콘텐츠 수익을 배분하는 시스템을 마련함으로써 인센티브를 제공했다. 아울러 콘텐츠 소비자들이 콘텐츠에 대해 평가하고 피드백을 제공할 수 있도록 했다. 이러한 장치는 잠재적 소비자들이 콘텐츠에 대해 선택할 수 있는 준거를 제공한 것이다. 아울러 유튜브는 알고리즘을 이용해 콘텐츠 큐레이션 서비스를 제공했다. 이러한 사례들은 콘텐츠를 통해 소통하고자 하는 플랫폼의 노력이다. 콘텐츠 확산이 가능하게 하는 전략

「장화 신은 고양이」는 성인보다 상호작용에 익숙한 어린이를 타깃으로 한 콘텐츠로 사용자가 스토리를 선택하면 그 결과에 따라 전혀 다른 이야기를 제공하는 양방향성 콘텐츠이다.

이 바로 풀pull 콘텐츠 전략인 것이다.

양방향성은 풀 콘텐츠 전략의 핵심이다. 일방적으로 편성표를 밀어넣어 강제하는 것은 몸에 맞지 않는 옷을 강제로 입히는 것과 같다. 스마트폰과 태블릿에 익숙해진 애플리케이션 세대들은 터치했을 때 상호작용으로 반응하는 것을 기대한다. 마치 게임을 즐기는 것처럼 소비자의 선택에 따라 콘텐츠의 내용이 변화되는 것을 기대하는 것이다. 그렇지만 이러한 서비스를 실제 가능하게 하기는 쉽지 않은 일이다. 기술과 소요 비용과 소모 시간이 절대 만만하지 않기 때문이다.

우리가 기억하는 양방향성 콘텐츠에 대한 시도는 1990년대 MBC

에서 이휘재가 주연으로 활약한 〈일밤 인생극장〉이다. 콘텐츠가 양방향성의 선택에 따라 달라진 결말을 보여주었다. 하지만 플랫폼 자체가 한 방향으로 콘텐츠를 제공할 수밖에 없는 지상파였다. 당연히 실제 시청자들의 선택과 상관없이 준비된 두 가지 스토리를 주입식으로 제공해 양방향성은 흉내 내기에 그쳤다. 그럼에도 불구하고 소비자들의 선택과 참여를 독려해 더 흥미롭게 콘텐츠를 소비할 수 있도록 하는 의미 있는 시도로 기억된다.

넷플릭스는 2017년 「장화 신은 고양이Puss in Boots」를 선보였다. 사용자가 스토리를 선택하면 그 결과에 따라 전혀 다른 이야기를 제공하는 양방향성 콘텐츠이다. 넷플릭스가 온라인에 기반을 둔 스트리밍 서비스이기에 기술적으로 가능한 시도였다. 사용자는 결말에 이르기까지 12번 이상의 선택을 해야 하며 그에 따라 최소 18분에서 길게는 39분까지 해당 콘텐츠를 즐기게 된다. 「장화 신은 고양이」는 콘텐츠 스토리 변환을 사용자가 선택할 수 있어 완전하지는 않지만 일정 부분 양방향성의 구현에 한 걸음 더 나갔다. 「장화 신은 고양이」는 성인보다 상호작용에 익숙한 어린이를 타깃으로 한 콘텐츠로서 몰입감을 높여 역동적인 소비자 경험을 제공한 것으로 평가된다.

같은 해 영국의 공영방송 BBC도 혁신적인 아이디어를 선보이는 '테이스터Taster' 플랫폼을 통해 인공지능 스피커와 교감하여 스토리를 선택할 수 있는 오디오 드라마 「인스펙션 챔버The Inspection Chamber」를 개발했다. 「인스펙션 챔버」는 약 20분 분량으로 배경 설명, 질문, 이용자의 선택이라는 3단계로 구성된다. 이용자가 인공지능 스피커의 이야기를 들은 후 캐릭터의 행동을 선택해야 하는 상황에서 인공지능 스피커에게 캐릭터의 행동을 이야기하는 방식으로 콘텐츠를 즐길 수 있다. 각각의 선택에 따라 세 가지로 구분된 결말을 경험할 수 있다. 미국의 HBO도 2018년 모바일 앱을 통해 이용자가 스토리를 선택할 수 있는 양방향 콘텐츠 「모자이크Mosaic」를 선보였다. 거장 스티븐 소더버그Steven Soderbergh가 감독을 맡았으며 샤론 스톤이 출연했다. 기존 양방향 콘텐츠가 특정 상황에서 주인공의 행동을 선택하는 방식이라면 「모자이크」는 등장하는 인물의 주요 에피소드를 선택하는 방식이다. 특히 살인을 소재로 한 스릴러물이다 보니 선택한 에피소드에 따라 다양한 시각으로 스토리와 사건을 탐색해가면서 흥미롭고 색다른 결론을 즐길 수 있다. 이렇듯이 양방향성 콘텐츠는 꾸준히 시도되고 있다. 비록 지금의 양방향 콘텐츠가 기술과 비용의 제약으로 한계점이 있지만 향후에는 스토리의 유기성을 유지하면서 콘텐츠에 대한 흥미를 끊임없이 제공하고 소비자 중심의 장치로서 제 몫을 해낼 것으로 기대된다. 그만큼 양방향성 구현은 소비자 경험을 획기적으로 개선하는 풀 콘텐츠의 미래 진화 방향이다.

풀 콘텐츠 전략에서 바이럴 마케팅을 빼고 얘기할 수 없다. 그만큼 대표적인 풀 콘텐츠 전략이다. '바이럴'은 콘텐츠가 온라인에서 컴퓨터 바이러스처럼 확산(전염)된다고 해 붙여진 이름이다. 우리말로는 '입소문' 정도로 번역하면 좋을 듯하다. 즉 바이럴 마케팅은 콘텐츠가 사람들의 관심을 끌어 입소문을 타고 확산되기를 기대하는 전략이라고 생각하면 틀림없다. 그렇다면 어떻게 해야 바이럴 콘텐츠를 만들 수 있을까? 웃기거나 섹시하거나 감동적이어서 공감을 불러일으키고 다른 사람에게 공유하고 싶어져야 한다. 바이럴 확산은 콘텐

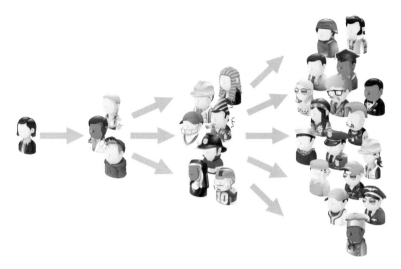

바이럴 마케팅은 콘텐츠가 사람들의 관심을 끌어 입소문을 타고 확산되기를 기대하는 전략이다.

츠 혁명 시대에 소비자들이 콘텐츠에 개입하는 방식이다. 생산자들은 소비자들에게 콘텐츠 소비를 독려하고 소비자들은 댓글을 남기거나 공유하면서 콘텐츠 생산과 유통에 일정한 공헌을 하며 생산자로 전화된다. 좋은 콘텐츠는 전염성이 있다. 콘텐츠의 꿈은 입소문을 타고 확산하는 것이다.

사실 모든 콘텐츠는 소셜 콘텐츠이다. 콘텐츠 생산은 바로 콘텐츠 소비자와의 대화에서 나온다. 콘텐츠 혁명 시대의 미디어는 소비자가 네트워크를 통해 공통의 관심사와 활동을 공유하면서 새로운 사회 관계망을 구축해주는 온라인 기반 서비스로 그 범위가 확장된다. 과거의 미디어 콘텐츠는 생산자가 직접 제작하고 소비자가 수용했지만 이제는 소비자가 직접 제작할 뿐 아니라 여과하는 과정에도 참

회사 내에 물을 마시며 쉴 수 있는 휴식 공간을 통해 사내 의사소통이 활발해지듯 소셜 미디어는 콘텐츠에 대한 소비를 진작하며 충성도를 높인다.

여한다. 유튜브는 소비자가 이용하고 소비자가 여과하는 대표적인 방식이다. 콘텐츠의 '소셜'적 특성은 소통communication, 구독subsciption, 참여engagement에서 발생한다. 소통은 창작자와 사용자의 대화형 커뮤니케이션을 말한다.

소비자의 피드백이 콘텐츠에 반영되는 메커니즘은 사용자로 하여금 훨씬 더 재미를 느끼게 하고 콘텐츠에 빠져들게 한다. 특히 실시간으로 댓글을 달며 콘텐츠의 생산자나 또 다른 소비자와 대화하는 경험은 콘텐츠를 네트워크 효과를 발휘하는 생태계 공원으로 만든다. 즉 콘텐츠의 소셜 미디어적 경험을 기반으로 양질의 콘텐츠가 재생산되고 그만큼 콘텐츠 소비가 늘어나 유의미한 수익이 발생하고 다시 콘텐츠 제작에 재투자되는 선순환적인 생태계를 기대해볼 수 있다. 레거시 미디어의 콘텐츠가 수동적이고 객체화된 소비자들을 전제했다면 소셜 시대의 콘텐츠는 능동적이고 주체적인 참여자들을 전제하고 있다.

여기에서 콘텐츠의 경쟁력이 발생한다. 콘텐츠 혁명 시대에는 콘텐츠 생산에 소비자들의 경험과 의견을 반영하는 것이 매우 중요하다. 콘텐츠에 대한 소비자들의 능동적 태도와 프로슈머prosumer적 성향을 콘텐츠가 소구하기 때문이다. 콘텐츠가 능동적인 참여자들을 견인하여 보다 큰 사회적, 산업적 가치를 생성할 수 있을지는, 바로 어떻게 소비자들과 소통하고 그들의 참여를 끌어내느냐에 달려 있다.

워터 쿨러 효과water cooler effect라는 말이 있다. 회사 내에 물을 마시며 쉴 수 있는 휴식 공간을 충분히 크게 만든다면 직장인들의 사내 의사소통이 활발해진다는 것이다. 소셜 미디어는 마치 워터 쿨러 효과처럼 콘텐츠에 대한 대화를 견인하고 해당 콘텐츠의 소비를 진작하며 충성도를 높인다. 콘텐츠에 대한 사회적 참여를 높이는 것이 가치 창출의 지름길이다.

우리나라의 촛불 집회는 사회 변혁에 영향을 미치는 풀 콘텐츠의 소셜 파워를 잘 보여주었다. 탄핵 정국 당시 광화문에서 거의 매주 100만 명 이상의 시민들이 운집한 촛불 집회에는 많은 시민들이 분노와 희망을 안고 모여들었다. 직접 집회에 참여하지 못한 시민들은 페이스북과 같은 소셜 미디어의 플랫폼에서 라이브 중계를 보면서 실시간으로 광화문의 분위기를 읽고 현장을 소비했다. 특히 그동안 단순 소비자로 간주되던 개인들이 1인 미디어로 전화되어 적극 콘텐츠를 제작하고 공유하는 생산자와 유통자로 변모한 사실은 주목할

콘텐츠가 힘을 갖고 싶으면 밀지 말고 당겨야 한다. 풀 콘텐츠는 이용자의 자유로운 피드백을 통해 자기 증식이 가능하므로 콘텐츠가 유기적으로 살아 있게 된다.

만하다. 풀 콘텐츠의 경쟁력은 여기에서 발생한다.

풀 콘텐츠는 참여가 자유롭고 개방적이며 공유하기가 쉽다. 풀 콘텐츠는 콘텐츠에 대한 이용자의 자유로운 피드백을 허용하고 있어 콘텐츠에 대한 양방향성을 갖는다. 또 그 강점으로 순식간에 자기 증식이 가능한 네트워크를 통해 수천만 명의 사용자들을 모을 수 있다. 다수에게 참여가 보장되고 개방된다는 것은 콘텐츠와 정보의 공유를 통해 창발적인 공동체를 형성할 수 있다는 것이다. 결과적으로 콘텐츠의 제작, 유통, 그리고 소비로 이어지는 일련의 과정에서 민주화가 이루어지는 것이다. 풀 콘텐츠는 소통을 통해 사회적인 공감 형성을 견인하기 때문이다.

세상이 바뀌었다. 풀 콘텐츠 전략은 1차적인 소비자만을 목표로 하지 않는다. 소셜 미디어의 바이럴한 특성을 기대하여 1차 소비자가 콘텐츠를 가능한 한 많이 퍼뜨릴 것을 기획한다. 2차, 3차로 콘텐츠가 퍼져 나가며 끊임없이 가공되고 재생산된다. 콘텐츠가 유기적으로 살아 있게 된다. 풀 콘텐츠는 소비자들과 소통하고 그들의 공감을 끌어내며 그 자체로 플랫폼이 된다. 그래서 풀 콘텐츠는 스스로 성장하고 확산하게 된다. 콘텐츠 혁명 시대에 콘텐츠의 힘을 갖고 싶으면 밀지 말고 끌어당겨야 한다.

2장

개인이 미디어고
일상의 모든 삶이
콘텐츠다

1
1인 방송과 유튜브 생태계

콘텐츠는 그 자체로 유기체다. 콘텐츠에 대한 사회적 상호작용이 늘 가능하기 때문이다. 양방향성 콘텐츠는 생산자와 소비자에 의해 끊임없이 자기 증식된다. 콘텐츠 혁명 시대의 가장 큰 장점은 아마도 누구나 콘텐츠를 만들 수 있고 공유할 수 있다는 것이다. 소셜 미디어에서 제공하는 콘텐츠의 광장은 입소문이 체계화되고 광범위하게 응용되는 상황을 만들어준다. 내가 좋아하거나 주장하는 정보, 지식, 아이디어가 네트워크를 통해 여러 친구에게 공유되고 또 바로 피드백을 받게 된다. 그래서 '누구나가 곧 미디어Everyone is Media!'가 된 것이다. 이 개념은 콘텐츠 혁명의 핵심적인 패러다임이다. 콘텐츠의 생산과 소비 사이의 경계가 없어진 것이다. 과거의 콘텐츠 생산자들은 수동적이고 객체화된 소비자들을 소구했다면 콘텐츠 혁명 시대는 능동적이고 주체적인 참여자들을 전제하고 있다. 이를 아주 극명

이제 개인이 단순 소비자가 아니라 직접 콘텐츠를 생산하고 공유하고 유통하는 것이 가능해졌다. 그래서 '누구나가 곧 미디어Everyone is Media!'이다.

하게 보여주는 현상이 바로 1인 미디어다.

1인 미디어는 개인 혼자서 콘텐츠를 기획해 제작하고 유통시키는 것을 말한다. 애초 1인 미디어는 인터넷이 대중화되면서 개인 홈페이지와 웹진에서 출발했다. 사진 및 글을 통해 소소한 일상을 공유하던 싸이월드의 미니홈피가 바로 초기 형태의 1인 미디어다. 이후 포털과 결합한 블로그 서비스가 시작되면서 1인 미디어 제작자들은 홈페이지 서버를 관리한다거나 웹디자인을 해야 하는 기술적인 문제에 큰 신경을 쓸 필요 없이 콘텐츠 내용에 집중할 수 있게 됐다. 그후 디지털카메라의 보급으로 영상 콘텐츠 제작과 편집이 수월해짐으로써 1인 미디어의 핵심 콘텐츠가 텍스트나 오디오 그리고 정지 영상(사진)에서 동영상 포맷으로 급속히 바뀌었다.

1인 미디어 덕분에 그동안 기존 대형 미디어만 방송할 수 있다는 통념이 해체됐다. 1인 미디어의 등장으로 개인이 인터넷상에서 네트워크의 주체적 구성원으로 콘텐츠를 생산하고 유통할 수 있게 됐다. 즉 개인이 미디어에 대해 단순 소비자가 아니라 생산자로서 혹은 생산적으로 참여하는 것이 가능해졌다. 직접 콘텐츠를 제작해 소셜 미디어를 통해 유통할 수도 있고 군이 콘텐츠를 직접 만들지는 않더라도 '좋아요'를 누른다거나 혹은 별풍선을 제공함으로써 또는 실시간 채팅을 통해 방송에 참여할 수 있게 됐다. 1인 미디어에서 진행자는 소비 시청자들의 피드백에 즉시 반응하고 시청자들은 게임, 뷰티, 패션, 먹방, 쿡방 등 다양한 콘텐츠 가운데 자신이 친밀한 소재에 대해 높은 채널 충성도를 보인다.

1인 미디어에서 콘텐츠를 생산하고 업로드하는 창작자를 '크리에이터'라고 칭한다. 1인 방송의 제작자에게 크리에이터라는 명칭을 쓰는 것은 단순히 동영상의 창작자일 뿐만 아니라 자신이 만든 동영상을 매개로 자신들의 팬 커뮤니티를 만들어가는 커뮤니티의 창조자 역할도 동시에 감당하기 때문이다. 이들 크리에이터들은 친근한 일상성과 생생한 현장성을 바탕으로 사용자들의 세분화된 요구를 콘텐츠에 반영하면서 좀 더 참여적이고 개방된 미디어 환경을 구현해내고 있다. 미국 잡지 『버라이어티』에서 10대들에게 가장 좋아하는 스타를 물었더니 1~5위를 유튜브 크리에이터들이 휩쓸었다고 한다.

유튜브의 크리에이터들 중에서 게임 중심의 입담꾼인 스웨덴 출신의 청년 퓨디파이PewDiePie나 코미디 영상물을 제공하는 스모쉬Smosh나 온라인 화제 영상으로 콘텐츠를 엮어가는 파인브라더스Fine Broth-

1인 미디어시대의 글로벌 스타들. (위) 퓨디파이, (아래) 스모쉬

ers는 연간 수익이 우리 돈으로 수백억 원에 이르는 것으로 알려져 있다. 게임 분야 유튜버인 다니엘 미들턴은 2017년 180억 원의 수익을 올린 것으로 알려졌다. 국내에서도 게임 방송으로 유명한 '대도서관'이나 초등학생들 사이에서 대통령의 영향력을 행사한다고 해서 '초통령'으로 불리는 '양띵' 외에도 '악어' '김이브' 등의 유명 크리에이터들은 기존의 연예인 못지않은 수입을 올리고 있다고 한다.

한국전파진흥원 자료를 보면 2017년 우리나라에서 가장 많은 돈

유튜브 인기 크리에이터인 대도서관. 그는 게임을 재미있게 해설하는 것으로 유명하며 2019년 현재 약 190만 명의 구독자를 확보하고 있다.

을 벌어들인 크리에이터는 장난감 만드는 동영상을 올리는 '팜팜토이즈PomPomToys'로 31억 6,000만 원을 벌었다. 주인공 캐리가 장난감을 갖고 노는 모습을 보여주는 '캐리와 장난감 친구들'은 19억 3,000만 원의 수익을 올렸고 게임 전문 크리에이터인 도티는 15억 9,000만 원을 벌었다. 크리에이터의 부수입은 포함되지 않은 수치다. 크리에이터들이 만들어내는 콘텐츠와 스토리를 바탕으로 충성도 높은 많은 팬에게 영향을 끼치는 인플루언서influencer다. 크리에이터들은 초기에는 주로 사용자들과 함께 게임이나 스포츠를 보면서 해설이나 멘트를 더해 재미를 제공했다. 하지만 지금은 게임을 넘어서 먹방, 쿡방, 영어 강의, 뷰티, 개그 등 소소한 일상의 친근한 소재를 가공해 다채로운 서비스를 제공하고 있다. 소비자의 미시적인 취향에 맞추어 차별화된 콘텐츠를 제작하는 것이다.

크리에이터들은 자신들의 콘텐츠를 특화해 스스로가 브랜드가 되어 전문 방송을 자처한다. 크리에이터 자신이 이미 콘텐츠인 것이다. 누구나 크리에이터가 될 수 있는 시대이니 "내가 콘텐츠다."라고도 주장할 수 있게 되었다. 크리에이터들은 충성스러운 팬층을 기반으로 유지되고 있으며 개별 프로그램보다 개인의 브랜드 가치로 소비자들을 확보하고 있다. 비록 1인 미디어에 불과하지만, 충분히 의미 있는 숫자의 시청 소비자들에게 영향력을 미치기 때문에 상업적인 광고도 유치할 수 있다. 크리에이터가 자신이 만든 콘텐츠와 미디어의 영향력으로 새로운 비즈니스의 가능성과 모델을 창조하고 있는 것이다.

다중채널네트워크Multi Channel Network를 의미하는 MCN의 개념은 유튜브를 떠나서는 생각할 수 없다. MCN은 애초 그 출발이 유튜브 생태계에서 비롯됐기 때문이다. 유튜브는 이용자가 직접 제작한 동영상을 공유하는 소셜 미디어 서비스다. 유튜브가 광고를 수익의 기반으로 삼다 보니 좋은 콘텐츠를 확보하기 위해 콘텐츠 제공자에게 광고 수익의 일부를 배분하는 정책을 펼치고 있다. 이런 수익 보상 모델에 따라 유튜브에서 경쟁력 있고 인기가 높은 채널들은 광고수익을 올릴 수 있게 됐다. 그러자 이런 채널 여러 개를 묶어 크리에이터들의 동영상 제작을 지원하고 관리해주는 대신 그 수익을 나눠 갖는 서비스가 생겼다. 이것이 바로 MCN인 것이다.

유튜브가 자사 홈페이지에 소개하는 설명에 따르면 'MCN은 여러 개의 유튜브 채널과 제휴한 조직으로서 일반적으로 제품, 프로그램 기획, 결제, 교차 프로모션, 파트너 관리, 디지털 저작권 관리, 수익 창출·판매, 잠재고객 확보와 같은 다양한 분야에서 콘텐츠 제작자에게 도움을 제공'한다. 즉 MCN은 크리에이터들을 매니지먼트하는 회사다. 크리에이터를 연예인으로 본다면 MCN은 연예기획사에 해당한다고 생각하면 된다. SM이나 JYP와 같은 연예기획사에서 소속 가수나 연기자들을 발굴하고 육성해 방송 활동, 이벤트 행사, 광고 출연 등 수익 활동을 지원하고 관리해 그 수익을 배분하듯이 MCN은 1인 창작자를 도와 콘텐츠의 기획부터 제작에 필요한 전 과정을 지원해 수익 창출을 돕고 그 수익을 나눈다. MCN은 여러 개인 창작자를 묶어 다수 채널을 통해 트래픽을 얻고 그 광고수익을 바탕으로 사업을 펼치기 때문에 다중채널네트워크라고 불리게 됐다. 즉 MCN은 개별 크리에이터들이 가진 미디어 파워를 하나로 연결하여 1인 방송 콘텐츠의 산업적 가치 창출을 현실화한 사업이다.

MCN의 기본적인 수익 기반은 크리에이터들이 기획하고 제작한 콘텐츠를 플랫폼에 업로드해 유통하면서 소비자들의 클릭 수와 광고 소비에 비례해 플랫폼으로부터 정산받는 콘텐츠 유통 수수료다. 유튜브 플랫폼에서는 광고수익 배분율은 콘텐츠 제작자가 최대 55%이고 나머지를 유튜브가 챙기는 것으로 하고 있다. 사실 유튜브의 몫이 과하다는 논란이 있으나 온라인 동영상 유통 플랫폼에서 가지는 독보적인 위상으로 유튜브의 정책적 수수료 배분 비율이 고착

됐다. MCN은 콘텐츠 제작자의 몫으로 돌아오는 55%에서 다시 크리에이터와 일정 비율로 수입을 나누고 있다. 일반적으로 MCN과 크리에이터가 다시 3대 7 정도로 나누고 있다. 현재의 셈법에서 MCN이 유튜브가 배분해주는 광고수익만으로 의미 있는 수익을 내기는 사실 절대 녹록지 않다.

유튜브의 광고 유형은 크게 네 가지다. 첫째, 인비디오In-Video 광고로 동영상 하단에 등장하는 오버레이overlay 광고다. 동영상 시작 후 표시되며 소비자가 원하면 광고를 닫을 수 있다. 둘째는 인스트림In-Stream 광고다. 동영상 재생 전이나 도중 혹은 재생이 끝난 후에 삽입되는 30초 이하의 광고를 말한다. 셋째는 배너banner 광고다. 동영상 옆이나 추천 동영상 목록 위에 표시되는 광고다. 마지막으로 가장 의미심장한 트루뷰 광고가 있다. 트루뷰 광고는 이용자가 5초간 광고를 본 후 광고를 건너뛰거나 나머지 광고를 볼 수 있는 선택권을 주는 것을 말한다. 광고주는 시청자가 실제 광고를 시청한 시간에 대해서만 광고료를 낸다. 건너뛰기가 가능한 트루뷰 광고는 사용자 측면에서 광고를 통제하게 해 줌으로써 사용자 경험을 높여주었다.

유튜브의 트루뷰 광고는 광고의 콘텐츠화를 가속화했다. 즉 소비자로서는 광고를 단순 광고가 아닌 또 하나의 콘텐츠로 소비하게 된 것이다. 보고 싶어하는 광고를 보게 하는 것이 광고주로서도 광고 효과적인 측면에서 유리하게 작용했다. 다양한 형식의 광고를 도입하고 적극 광고주들을 유치해 창작자와 수익을 배분하는 제도는 유튜브 생태계의 바탕을 이룬다.

일반적으로 온라인 동영상 플랫폼의 광고비 책정 기준은 광고 배

다양한 형식의 광고를 도입하고 적극적으로 광고주들을 유치해 창작자와 수익을 배분하는 제도는 유튜브 생태계의 바탕을 이룬다.

치하는 건당 부가하는 방식인 CPICost Per Installation, 1,000회 광고 노출의 비용을 책정하는 방식인 CPMCost Per Mille, 그리고 클릭 또는 시청에 의한 과금 방식인 CPCVCost-Per-Completed-View 등 세 가지 방식이 있다. 온라인 동영상 시장의 광고 단가는 국가와 시장에 따라 큰 차이를 보인다. CPM, 즉 1,000뷰당 수익은 노출되는 국가에 따라 많게는 6.47달러에서 작게는 1.19달러까지 약 6배에 가까운 차이를 보이고 있다. 국가별로 광고 단가가 다르다. 광고 단가가 낮은 국가는 많은 조회 수와 뷰에도 불구하고 광고 단가가 높은 국가에 비해 수익이 적을 수 있다. 일반적으로 광고 단가를 말할 때는 CPM이 쓰인다. 예를 들어 CPM 10달러면 광고주는 해당 광고가 1,000번 노출될 때 10달러를 지급하는 것이니 1회 노출될 때는 0.01달러, 즉 1센트를 지급하는 것이다.

국내에서는 초기에 온라인 플랫폼에서 1,000뷰당 겨우 1,000원가량의 수익이 발생했다. 지금은 콘텐츠의 내용과 플랫폼에 따라 많게는 7,000~8,000원까지 단가가 상승한 것으로 알려졌다. 그렇지만 실제 계약은 CPCV 방식으로 최종 광고비가 결정되는 경우가 많다. 즉 광고가 노출될 때 건너뛰기하지 않고 끝까지 시청했을 때를 '컴플리트complete'라 부른다. 컴플리트 비율에 따라 과금하고 수익을 배분하는 방식이다. 즉 CPM이 5만 원이고 컴플리트 비율이 50%면 2만 5,000원을 수익으로 계상하는 것이다. 1,000만 뷰를 기록했다면 광고수익이 2억 5,000만 원인 셈이다.

애초 MCN의 비즈니스 모델은 단순했다. 영향력과 인기 있는 크리에이터들을 섭외해 콘텐츠 유통과 수익을 관리하고 제작을 지원하며 상업적 영향력으로 생성되는 광고를 유치하고 그 수익을 배분하는 것이었다. 그렇지만 크리에이터의 동영상 콘텐츠가 엄청난 수의 조회를 기록하기 전에는 의미 있는 수익을 올리기가 어려웠다. 그래서 MCN은 온라인 동영상 플랫폼을 통한 광고 수입에만 천착하지 않고 제품 간접광고와 타 프로그램 출연 등 전통 미디어 스타의 비즈니스 모델을 벤치마킹해 수익 모델을 만들려고 하고 있다. 사실 MCN 산업에서 콘텐츠 제작에 들어가는 비용cost이 수익revenue과 균형을 이루기는 쉽지 않다. 지속 가능한 수익 구조 마련은 산업적 측면에서 MCN의 생존을 위한 필요조건이다.

이러한 산업적 환경이 MCN으로 하여금 광고수익을 극대화하는 방안을 찾게 하고 광고수익 외의 관련 부가 사업을 추진하게 하는 동인이 된다. 따라서 광고수익 외에도 여러 유형의 수익 모델이 개발됐다. 우선 기부형 디지털 아이템이다. 아프리카TV의 별풍선이 대표적이다. 미국의 트위치TV나 중국의 YYTV 등에서도 이러한 기부형 아이템을 수익 모델로 삼고 있다. 다음으로는 제작하는 콘텐츠에 상품을 노출하는 간접 광고다. 일반적으로 PPL**Product Placement**이라고 부른다. 방송 프로그램 안에서 상품을 소품으로 활용하거나 적절히 배치해 그 상품을 노출하는 형태의 광고를 말한다.

온라인 플랫폼에서는 콘텐츠에 대한 광고 규제가 적고 형식, 표현, 소재, 언어 사용이 매우 자유로워서 가능한 광고 형식이다. 특히 간접 광고를 통한 수익은 플랫폼과 나눌 필요가 없어서 MCN으로서는 아주 매력적인 수익 모델이다. 아울러 MCN 기업이 타깃 플랫폼에 적합한 콘텐츠를 만들어 VOD 형태로 콘텐츠를 직접 파는 B2B 비즈니스도 수익 마련의 한 방법이 될 수 있다. 이 밖에도 MCN 기업은 방송 출연, 강연, 캐릭터 상품 판매, 쇼핑몰 운영 등 다양한 수익 모델을 전방위적으로 시도하고 있다. MCN 사업자가 아예 콘텐츠와 커머스**commerce**를 엮어서 새로운 비즈니스 모델을 창출하는 것도 적극 시도되고 있다.

커머스는 생산, 유통, 그리고 소비의 경제 순환 과정에서 유통 부문, 즉 재화와 서비스의 교환 또는 매개에 의해 생산자와 소비자를 연결하는 행위를 말한다. 커머스를 통한 비즈니스 모델은 콘텐츠 기업으로 MCN이 초기 단계부터 상품 기업과 협업을 통해 제품을 기획하고 출시하는 것을 말한다. 뷰티 유튜버의 대명사로 불리는 미셸 판**Michelle Phan**의 화장품 관련 콘텐츠가 대표적이다. 화장품 회사 랑

미셸 판은 2007년 두 소녀가 화장법에 대해 질문을 하자 자신의 화장법과 뷰티 노하우를 담은 7분짜리 영상을 유튜브에 올렸다. 이것이 1주일 사이에 4만 뷰를 기록했다. 이후 메이크업 영상을 꾸준히 올려 세계적인 메이크업 아티스트 반열에 올랐다.

콤은 그녀의 코스메틱 브랜드를 만들고 그녀의 콘텐츠가 커머스 측면에서 온라인 결제 시스템과 연동해 시청 소비자가 콘텐츠에 등장하는 상품을 직접 구매할 수 있도록 지원하고 있다. 풀스크린Fullscreen 은 브랜드 기업이 유튜브 채널을 이용해 더 많은 제품을 판매할 수 있도록 '채널+' 서비스를 운영한다. 국내에서도 1인 창작자들이 출시

MCN의 미래 가능성은 플랫폼 다각화와 아울러 전문 MCN으로 자리매김을 통해 얼마나 소비자 요구에 최적화된 콘텐츠를 서비스해 가치를 높이느냐에 달려 있다.

된 기존 제품을 홍보하는 것을 넘어 자신을 브랜드화해 새로운 제품을 출시하는 시도를 하고 있다.

MCN이 광고 유형의 다양한 변화를 시도해 광고수익 극대화를 추구하는 것은 당연한 생존 전략이다. 여기에 브랜디드 콘텐츠, B2B 비즈니스, 오프라인 사업과 커머스 활동, 즉 재화와 서비스의 교환 또는 매개에 의해 생산자와 소비자를 연결하는 행위를 통한 수익 창출 등이 더해지면 미디어 생태계 내에서 자생력을 담보하면서 중요한 산업적 가치를 만들어낼 수 있기 때문이다. 더욱이 MCN 서비스는 급변하는 미디어 환경과 높아진 소비자들의 콘텐츠 니즈를 충족시키는 데 기존 레거시 미디어보다 개방적이고 신속하게 대응할 수 있어 잠재적 가치가 더욱 높다. MCN 서비스에 쏟아지는 자본의 투자나 관심이 단순히 거품이라고 볼 수 없는 이유다.

MCN을 제대로 이해하기 위해서는 그 수익 구조에 대한 분석과 앞으로 산업적 생존을 위한 수익 다변화 전략에 주목해야 한다. 탈 유튜브와 수익 모델 확장 등 지속 가능한 생태계 구축을 위한 다양한 시도는 가히 역동적이라 할 만하다. 앞으로 플랫폼 다각화와 전문 MCN으로 자리매김을 통해 얼마나 소비자 요구에 최적화된 콘텐츠를 서비스해 그 가치를 높이느냐에 미래 가능성이 달려 있다. MCN이 가져온 미디어 산업의 변화와 그 효과를 '더 큰 그림'에서 주목할 필요가 있다.

'더 큰 그림'이란 1인 방송들이 가져온 작은 변화들이 MCN으로 비로소 산업의 형태를 갖추고 그리하여 전체 미디어 시장에 콘텐츠 제작과 소비 그리고 유통 패러다임을 혁명적으로 변하게 한 것을 의미한다. MCN 서비스는 기존 네트워크 중심의 콘텐츠 생태계에서 누구나 미디어가 되고 일상의 삶이 콘텐츠가 되는 개방적인 콘텐츠 생태계로 전환시켰다.

2

MCN과 레거시 미디어의 응전

MCN은 소셜 미디어의 확산과 영향력 증가에 따라 개인 창작자들이 전문화되고 기업화되는 과정에서 생겨난 것이다. 그 기반은 온라인과 모바일 기술의 발달이다. 콘텐츠 혁명으로 개인은 창조적 소비자로서 프로슈머producer+consumer, 즉 소비자인 동시에 창작자가 되었다. 인터넷과 디지털 기술의 발달로 개인의 취미가 비즈니스로 변환하면서 새로운 산업이 창출된 것이 바로 MCN 산업이다. MCN은 창작자들이 갖는 전문성을 바탕으로 사용자들의 신뢰를 얻고 소비를 견인한다. 제작 기법의 전문화와 함께 콘텐츠 내용의 전문성을 겸비해야 한다. MCN의 주력 콘텐츠가 과거 개인이 취미로 제작하던 UCCUser Created Content에서 자연스레 프로의 전문성을 가진 아마추어가 제작하는 PCCProteur Created Content로 전환되고 있는 이유다. 그 결과 MCN에서 소비될 수 있는 동영상의 형태와 소재가 매우 다양해졌다.

　MCN 콘텐츠는 게임, 뷰티, 음악 등 특정 분야에 관심 있는 이용자가 자발적으로 선택해서 소비하는 콘텐츠다. 이용자의 몰입도engagement가 매우 높을 수밖에 없다. 따라서 소비자 팬들에게 영향을 미치는 크리에이터를 활용한 마케팅은 광고주에게 비용 대비 높은 광고 효과를 가져다준다. 인플루언서는 소셜 미디어가 발달함에 따라 수많은 팔로워를 보유하고 자신이 만든 콘텐츠로 트렌드를 선도하며 사람들에게 큰 영향력을 끼치는 스타들을 의미한다. 점점 더 많은 브랜드가 자사 마케팅에 인플루언서를 활용하려고 시도하고 있다. 인플루언서를 활용한 마케팅의 대표적인 것은 브랜디드 콘텐츠를 기획해 제작하고 유통시키는 것이다.

　브랜디드 콘텐츠는 브랜드에 대한 고려와 선호도 증가를 목적으로 하는 콘텐츠를 말한다. 이것은 인플루언서를 통해 브랜드와 상품에 관해 매력적인 스토리 혹은 가치 있는 정보를 제작하고 유통해 마케팅 효과를 거두고자 하는 전략이다. 광고주에게는 매우 유용하고 효과적인 마케팅 도구이고 MCN 사업자에게는 새로운 수익 모델의 가능성이 엿보인다. 예를 들어 뷰티 전문 MCN이 화장품 회사로부터 제품을 지원받고 그 제품을 소재로 해 뷰티 콘텐츠를 만들어 화장품 회사에서 수익금을 챙기는 식이다. 광고 그 자체가 콘텐츠이며 콘텐츠 속에 브랜드 메시지가 노출되는 형태이므로 소비자에게 큰 거부감을 주지 않고 소구할 수 있다. 그 결과 커머셜의 실질적인 목표인 구매 의사를 끌어내는 가능성을 높인다. 이와 같이 MCN과 커머스의 결합은 급속히 확산되고 있다.

뷰티 전문, 게임 전문 등 세분화된 개인 소비자의 취향에 맞는 맞춤 서비스가 MCN 콘텐츠의 핵심이다.

다이아 TV로 MCN 사업을 시작한 CJ E&M은 2018년 7월 홈쇼핑 채널인 CJ 오쇼핑과 합병해 CJ ENM을 출범시켰다. 미디어와 커머스를 결합해 시장을 공략하기 위한 전략이다. 인플루언서가 출연하는 커머스 콘텐츠를 제작해 홈쇼핑 채널을 통해 상품 구매를 연결하는 전략이다. 신뢰를 바탕으로 한 크리에이터와 소비자들의 연결 고리가 커머스로 이어져 비즈니스적 가치를 생산하게 된 것이다. 한편 소비자들에게 영향을 끼칠 수 있는 크리에이터들은 콘텐츠의 내용이 주는 재미와 관심의 공유보다 소비자들에게 감추어진 상업적 메시지를 어떻게 거부감 없이 효과적으로 전달할 것인가 하는 불편한 고민을 강요받게 되었다는 점도 지적하고 싶다.

개인화된 소비자의 특성에 맞추는 콘텐츠 제작에 MCN은 굉장히 유용한 서비스다. 세분화된 개인 소비자의 취향에 맞는 맞춤 서비스

customization가 MCN 콘텐츠의 핵심이기 때문이다. 뷰티 전문 '레페리 **Leferi**'와 게임 전문 '샌드박스**Sandbox**' 등 이미 크리에이터의 전문 영역을 통해 MCN 서비스가 특화되고 있다. 하지만 앞으로 더욱더 특화된 영역의 전문 MCN, 예를 들어 레이싱 걸을 앞세운 자동차 전문 MCN이나 격투기 등 특정 종목별 스포츠 전문 MCN, 소수 취향의 재즈 음악 장르에 전문적인 MCN 등 매우 세분된 채널들이 사용자들의 미시적인 요구와 이해에 부응하는 서비스를 제공하게 될 것이다.

전문 MCN으로 자리매김하는 것이 콘텐츠 제작을 통한 본연의 사업은 물론이고 광고시장 확대와 다양한 관련 수익 사업에도 공헌할 수 있다. 특히 MCN 콘텐츠에 특화돼 특정 서비스 플랫폼에 적합한 방식으로 기획 제작된 네이티브**native** 광고나 브랜디드 콘텐츠는 스토리텔링이 가능한 광고만이 유의미하게 전달되는 것을 보여준다. 유명 크리에이터가 갖는 전문성이나 오리지널 콘텐츠의 특성을 바탕으로 사용자의 신뢰를 얻을 때 MCN 산업이 비로소 고부가가치를 창출할 수 있다. MCN 기업들은 전문 크리에이터의 발굴과 육성에 힘쓰는 동시에 빅데이터와 소셜 미디어 분석을 통해 사용자들의 세분화된 수요를 면밀히 분석하고 있다. 결국 전문 MCN으로 양질의 오리지널 콘텐츠와 파워 크리에이터를 양성해낼 수 있다면 더욱 풍성하고 역동적으로 성장할 것이다.

MCN의 성장이 어떻게 사회적 가치와 연결될 수 있을지에 대한 고민은 여전히 진행형이다. 누구나 자유롭게 동영상을 올릴 수 있는 플랫폼의 확산은 민주주의의 확장이다. 디지털 기술의 발달은 이용자들에게 1인 방송의 토양이 되는 새로운 플랫폼을 제공하며 기존의 생산자와 소비자의 경계를 허물고 참여, 공유, 소통이 가능하도록 미디어 환경을 탈바꿈시키고 있다. 그러나 온갖 그럴싸한 가능성과 잠재력에도 MCN 산업의 미래에 대한 불안은 여전하다. 지속 가능한 수익 구조 마련에 대한 우려는 불식되지 않았다. 두말할 것 없이 MCN은 데이터 분석에 따른 타깃 소비자 연구와 더불어 브랜디드 콘텐츠와 커머스 활동 등 보다 정교한 수익 모델을 추구할 것이다.

앞으로 MCN이 거품론을 극복하고 선순환적 미디어 시장 환경을 구축해 새로운 산업적, 사회적 가치를 생산할 수 있을까? 아직은 가능성의 영역이자 미래에 달성해야 할 숙제다. 유기체로서 MCN은 생존과 지속적 성장을 위해 미래 가능성을 무기로 투자를 끌어들인다. 시장 경쟁력을 가지자면 제대로 된 오리지널 콘텐츠 생산에 더욱더 천착할 수밖에 없다. MCN은 필연적으로 플랫폼과 국경을 넘어 규모의 경제를 이루려 할 것이다. 일견, 그 길은 어렵고 또 위태해 보인다. 그렇지만 기회와 위험은 늘 병존한다. 우리가 MCN에 주목해 눈을 뗄 수 없는 이유이기도 하다.

사실 기술 발달에 따른 디지털적인 미디어 환경 변화는 콘텐츠를 생산하고 소비하는 문법을 혁명적으로 바꾸어나가고 있다. 전통적인 TV 시청보다는 온라인을 통한 동영상 소비가 젊은 세대를 중심으로 빠르게 확산되고 있다. 미디어 생태계에는 이러한 변화에 상응해 콘텐츠의 유통 채널이 무한하게 확장되는 현상이 나타나고 있다. 바로 그 중심에 MCN이 자리잡고 있다. MCN이 바로 '여러 개의 채널로 콘텐츠를 유통하는 네트워크'를 의미하는 말이 아니던가. MCN이 주목받는 것은 레거시 미디어에 비해 한결 개방적이고 신속하게 대응할 수 있는 서비스의 유연함이 소비자의 높아진 콘텐츠 니즈를 충족시키는 데 그 가치를 발하기 때문이다. 이런 측면에서 레거시 미디어가 그간 누려온 독과점적인 시장 지위가 흔들리는 것이 그리 놀라운 일은 아니다.

레거시legacy는 단순히 우리말로 옮기기에 제법 까다로운 영어 단어이다. 일반적으로 기존의 체제나 질서가 남긴 '유산' 혹은 '자산'이란 뜻으로 해석할 수 있다. 컴퓨터 분야에서 레거시 시스템이라고 하면 새로운 시스템을 구축하기 전 기존에 사용하는 시스템과 응용 프로그램을 지칭한다. 이렇듯이 과거에 시작되어서 지금도 이어지는 '기존의 어떤 것'들을 가리킬 때 사용한다. 단어 그 자체로는 가치중립적 용어이지만 지난 시대의 '업적'이나 '성취'란 뜻으로 사용될 때는 긍정적으로 느껴지지만 '구시대적인 시스템'이라는 뜻으로 사용될 때는 상대적으로 부정적으로 느껴진다. 최선의 번역은 늘 문맥 속에서 찾는 것이 좋다. '레거시 미디어'라고 하면 웹 기반의 새로운 미디어 플랫폼에 견주어 신문, 지상파 방송, 케이블 텔레비전 등의 '전통 미디어'를 의미한다고 보면 된다. 군이 레거시 미디어란 용어를 사용하는 것은 시장 독과점의 '지배적 경험'으로 인식되는 기존 미디어가 새로운 미디어의 등장과 도전으로 시스템적인 변화를 일으키는 것이 중요한 함의를 갖기 때문이다.

할리우드의 유명 배우들은 자신들의 영화 개봉에 맞추어 예전에는 케이블 채널의 토크쇼 등에 출연해 홍보했지만 지금은 유튜브 크리에이터들의 채널에 출연하는 것을 선호한다고 한다. 10~30대의 젊은 관객들을 만나는 데 기존 미디어보다 유튜브 채널이 더 효과적이

미국의 메이저 지상파 방송사들이 연합하여 넷플릭스에 대항하기 위해 만든 OTT 서비스 플랫폼인 훌루.

기 때문이다. 레거시 미디어의 대표 주자인 지상파 방송과 유료 케이블이 그동안 가져온 시장에서의 우월한 지위는 현저하게 추락했다. 플랫폼과 콘텐츠 플레이어들이 급격히 증가하고 그 결과 필연적으로 전통 미디어의 시청 점유율이 하락한 것이다.

광고도 마찬가지이다. 시청에 따른 소비자 노출을 기반으로 하는 광고는 레거시 미디어보다 더 정교하고 효율적인 광고 집행이 가능한 온라인 및 모바일 플랫폼으로 속속 이동했기 때문이다. 채널 브랜드 파워에 기반을 둔 레거시 미디어의 플랫폼 경쟁력은 공허해지고 시장 지배력은 쪼그라들었다. 레거시 미디어의 위기는 '앞으로 닥칠' 미래형이 아니라 '이미 지금 눈앞에서' 펼쳐지는 현재진행형이다. 심각한 피해와 상처 그리고 이를 타개하기 위한 몸부림은 레거시 미디어의 피할 수 없는 업業이다.

레거시 미디어로서는 곤혹스러울 수밖에 없는 상황이지만 광고가 온라인으로 이동하는 현상은 당연해 보인다. 온라인과 모바일이 콘텐츠를 이용하는 중심 플랫폼으로 변모했기 때문이다. 여기에 대응하는 레거시 미디어의 선택은 많지 않다. 역설적이게도 가장 유효한 선택은 레거시 미디어도 온라인 환경에서의 수익 모델을 개발해 콘텐츠의 가치를 인정받는 새로운 탈출구를 찾는 것이다. 레거시 미디어는 이제 더 이상 전파나 케이블을 통한 채널 송출이라는 독과점적 유통 경로에 머물러 있을 수 없게 되었다. 이제 레거시 미디어는 스트리밍 기술에 기반을 둔 OTT 서비스를 경쟁 상대로만 바라보지 않고 직접 뛰어들어 아예 자체 OTT 서비스를 출범시켰다.

미국의 메이저 지상파 그룹인 디즈니-ABC, 폭스 TV, NBC 유니버설 등이 연합해 만든 OTT 서비스 훌루Hulu가 대표적이다. 우리나라에서도 지상파 방송이 연합하여 만든 푹이 있다. 레거시 미디어로서는 온라인 환경에서의 수익 모델을 개발하고 콘텐츠의 가치를 인정받는 새로운 출구를 찾지 않을 수 없게 된 것이다. CJ E&M이 DIA TV를 런칭하여 국내 MCN 산업의 개척자를 자처했다. 이후 지상파의 대표라고 할 수 있는 공영방송 KBS도 비록 실험에 그쳤지만 '예띠 스튜디오'라는 브랜드로 MCN 사업에 몸을 담군바 있다. MBC의 '엠빅'과 SBS의 '모비딕' 등도 지상파 방송사들이 디지털 콘텐츠 제작으로 온라인 영역으로 확장을 꾀하고 있는 시도다. 최근에는 jtbc의 〈스튜디오 룰루랄라〉와 tvN의 〈흥베이커리〉는 시장에서도 좋은 반응을 얻고 있다.

바야흐로 채널 사업자들이 자사 콘텐츠를 실어 나르는 우선 플랫폼으로 웹을 선택하는 경우가 점차 많아지고 있다. 온라인이 차세대의 콘텐츠 제작과 유통의 플랫폼으로 그 가능성을 보여주기 때문이다. 이러한 움직임들은 비록 아직은 불확실하지만, MCN이라는 대안 미디어 생태계가 그동안 점차 시장에서 독과점 기득권을 잃고 있는 기존 미디어에 새로운 기회를 제공할 수도 있다는, 그래서 최소한 발이라도 담그겠다는 실험적 전망을 갖고 추진되고 있다.

미국에서는 글로벌 메이저 미디어들이 MCN 산업에 대규모로 투자하고 있다. 국내에서도 주요 지상파, 종편, 케이블 채널뿐만 아니라 SM과 같은 연예기획사도 속속 뛰어들고 있다. 레거시 미디어 콘텐츠는 송출에 의해 발견되는 콘텐츠인데 MCN의 콘텐츠는 '구독'의 개념으로 소비되기에 사용자의 참여도가 높다. MCN은 기존 방송의 문법과 시청 패턴이 다르기 때문에 웹과 모바일에 최적화한 포맷과 내용을 찾는 데는 의미 있는 테스트베드가 될 수 있다. 레거시 미디어의 MCN 사업 추진은 온라인 컨버전스, 즉 온라인에서 소비하기에 적합한 콘텐츠와 새로운 유통 방식에 대한 고민이라는 점에서 의미심장하다. 셈법이 복잡하기는 하지만 레거시 미디어로서는 어쩌면 절박한 생존 실험을 하고 있는지도 모른다. MCN 열풍과 이에 따른 레거시 미디어의 대응은 우리 콘텐츠 산업이 공급자 중심의 사업 모델에서 수요자 중심으로 재편되고 있음을 알려주는 신호다. 미디어의 변화는 새로운 플레이어의 등장(도전)과 기존 플레이어의 변신(응전)을 통해 구현된다.

3
기승전 콘텐츠!

콘텐츠는 단순히 우리의 시간만을 빼앗아가지는 않는다. 현인들은 '시간은 돈이다Time is Money.'라는 경구로 우리를 깨우쳐주지 않았던가. 콘텐츠는 우리의 시간을 잡아먹는다. 동시에 콘텐츠는 우리의 지갑을 열게 한다. 그래서 많은 사람이 "콘텐츠" "콘텐츠" 하는 것이다. 그렇지만 그 관심은 콘텐츠가 창의력과 상상력을 원천으로 하는 우리 정신문화의 기반이라는 전통적인 관점보다는 오히려 문화 산업적인 측면에서의 기능적인 관심인 듯하다. 에둘러 말하지 않고 바로 얘기하자면 콘텐츠가 돈이 된다는 뜻이다. 그른 말이 아니다. 디지털 기술의 발달로 콘텐츠의 복제가 수월해졌고 각각의 콘텐츠가 융합해 새로운 콘텐츠를 만들기도 쉬워졌으며 다양한 형태의 유통이 가능해졌다. 이것은 콘텐츠의 부가가치가 극대화되는 것을 의미한다.

콘텐츠 산업도 다른 산업과 마찬가지로 생산과 유통 그리고 소비라는 본원적인 활동으로 요약되며 시장의 수요와 공급이 근간이 된다. 그런데 콘텐츠 산업은 무형의 가치를 기반으로 하기 때문에 그 결과를 예상하며 투자할 때 큰 위험성을 수반한다. 그렇지만 그만큼 기대할 수 있는 이익도 크다. 특히 기술의 발전과 디지털화에 따른 빠른 파급효과와 아울러 추가적인 소비와 판매를 위한 플랫폼 증가로 최소의 한계비용으로 큰 부富를 창출할 수 있다. 그래서 위험을 최소화하고 수익 가능성을 높여감으로써 산업적인 가치를 높이려는 노력은 콘텐츠 산업에서 본질적인 것이며 '돈이 되는 콘텐츠'를 만들려는 노력은 매우 중요하다.

콘텐츠의 문화적, 정신적 가치가 산업적 가치와 늘 동반해 시장주의적 요소를 품는 것은 어쩔 수 없다. 콘텐츠가 생산되고 소비되어지는 우리의 사회가 이미 자본주의 혹은 시장주의에 기반을 두고 있기 때문이다. 프랑크푸르트학파의 아도르노는 콘텐츠의 산업적 현상을 뒤에서 조종하는 것이 자본이라고 규정한다. 콘텐츠가 문화 산업의 핵심으로서 시장주의적 요소에서 대중문화를 총괄하기 때문이다.

콘텐츠가 단지 돈이 되기 때문에 중요한 것만은 아니다. 콘텐츠는 끊임없이 우리의 시간을 빼앗으며 세상을 인식하는 우리의 감각을 만드는 토대로 작용한다. 그래서 콘텐츠는 우리 사회의 가치관과 문화와 이데올로기를 분별하고 판단하는 기초를 제공한다. 한 사회의 가치체계가 고스란히 콘텐츠에 담겨 있는 것이다. 가치는 우리의 경험에서부터 비롯되며 이것이 사회적 경험으로 확장될 때 또 다른 새로운 가치가 만들어진다. 가치는 어떤 의미에서 사회 집단 구성원들의 삶의 지표 혹은 지침서라고 할 수 있다. 무엇보다 콘텐츠가 중요한 이유는 콘텐츠에는 우리 사회 가치의 공정과 그 결과가 담겨 있기 때문이다. 콘텐츠는 우리 삶과 사회를 반영한다. 우리 사회가 A라면 콘텐츠는 우리 삶과 사회를 해석한 A^+이다. 콘텐츠가 중요한 것은 A^+가 다시 되먹임하여 A에 영향을 미치기 때문이다. 따라서 콘텐츠의 중요성은 아무리 강조해도 지나치지 않다.

콘텐츠는 우리 문화의 존재 양식이기 때문이다. 문화는 다양한 삶의 요인들이 모여진 질서이다. 여기에서 콘텐츠는 세상을 바라보는 관점과 전략을 제공한다. 개인이 한 사회의 구성원으로서 조화로운 삶을 살기 위해서는 그 사회의 질서와 가치를 학습하고 다른 사람들과 어울려서 살게 된다. 콘텐츠는 이 과정에서 우리 사회적 경험과 학습을 유인하는 매개다. 산업적인 가치 이외에도 인문학적 가치를 갖고 있는 것이다. 그래서 돈 받을 충분한 자격이 있다.

마이크로소프트의 창업자 빌 게이츠는 "콘텐츠가 왕이다Content is King."라고 했다. 그의 통찰은 지금도 유효해 보인다. 그렇지만 콘텐츠가 아무리 왕이라도 왕도 왕 나름이다. 권위 있고 똑똑한 왕이라야 신하도 잘 따르고 백성도 존경하게 될 것이다. 엄청난 양의 콘텐츠가 쏟아지는 콘텐츠 혁명의 시대에는 왕들이 너무 많다. 진짜 왕은 백성들에 의해 권위가 인정받고 존경받는 존재일 것이다. 왕이 권력적인 측면에서의 비유라면, 이 권력은 상황적 맥락context에 따라 힘의 정도가 달라진다. 요컨대 힘이 있는 콘텐츠는 많이 선택되어져 우리의 시간을 많이 소비하게 한다. 소비자에게 선택되어지려면 어떻게 해야 할까? 이 선택을 담보해주는 것이 바로 콘텍스트다. 엄마가 집에

콘텍스트는 콘텐츠의 이야기적인 문맥을 뜻하며 그 핵심은 연관성에 있다.

서 식사를 준비할 때 식자재와 요리 방법 외에도 가족의 입맛과 선호도, 전날 무엇을 먹었는지, 냉장고에 남은 재료가 무엇인지 등 정황적 고려와 주변 상황 등을 생각해 최적화된 선택을 하고자 한다. 그냥 좋은 음식(콘텐츠)을 준비하는 것이 아니라 콘텍스트에 따라 식사를 준비하는 것이다.

우리가 글을 쓸 때 '문맥文脈'을 따지는 이유는 글의 흐름이 매끄럽게 이어져서 내용이 독자에게 쉽게 전달되도록 하는 것이다. 문맥을 고려한 콘텐츠는 내용 전달이 명료하고 수용자의 입장에서도 편안하게 콘텐츠를 소비하게 한다. 즉 콘텍스트는 콘텐츠의 '이야기적인 문맥'을 뜻하며 그 핵심은 '연관성聯關性, relevancy'에 있다. 그렇다면 콘텐츠의 승부는 소비자로 하여금 어떻게 하면 '관련'되게 하고 또 적극 참여하게 하느냐에 달려 있다. 상상력을 기반으로 하는 이야기의 다양한 모습이 콘텐츠라고 한다면 이야기의 처음과 시작은 우리가 특정한 관점을 가질 때만 가능한 것이다.

그래서 우리가 어떤 관점을 가지느냐가 이야기에서 중요한 것이다. 콘텐츠는 세계를 보여주는 창이다. 창은 우리가 어느 쪽에 자리를 잡느냐에 따라 그것을 통해 보이는 세상이 달라진다. 우리가 콘텐츠라는 창을 통해 바깥 세계를 어떻게 이해하고 어떤 관계를 맺어야 할지와 그 창을 바라보는 우리는 어느 위치에 있어야 할지를 생각해야 한다. 이것이 콘텐츠를 말할 때 늘 콘텍스트를 고민해야 하는 이유다. 콘텐츠는 '맥락을 갖는 정보와 지식'이기 때문이다.

콘텍스트를 갖춘 콘텐츠는 어떻게 해야 만들어질 수 있을까? 바로 '제대로 된right 모드mode'가 핵심이다. 즉 콘텍스트를 갖춘 콘텐츠는 제때 만들어지고right time, 제대로 소비자를 파악하고 겨냥하여right place, 제대로 된 소구 장치를right device 사용해야 한다. 시대가 무엇을 요구하는지, 요즘 세상의 이슈는 무엇인지, 또 요즘의 트렌드는 어떻게 돌아가는지 좀 알아야 콘텍스트가 제대로 된 콘텐츠를 만들 수 있다는 것이다. 콘텐츠도 일반 상품처럼 기본적으로 수요와 공급이 지배하는 시장 논리에 의해 움직이고 있다. 콘텍스트가 제대로 반영된 콘텐츠 개발이 경쟁력의 전제조건이며 필수조건이다.

예를 들자면 일본의 '닌자'나 '사무라이' 문화를 다룬 애니메이션이 있었다. 이것은 미국인들에게는 매력적으로 보이고 실제로도 흥행에 성공했다. 하지만 한국과 중국에서는 이것은 참담하게 실패한 사례가 있다. 콘텐츠가 역사적 배경이라는 콘텍스트를 제대로 읽지 못했기 때문이다. 마찬가지로 이웃 아시아에서는 번역만 해서 틀어도 현지인들 사이에서 인기를 끌고 있는 한류 드라마가 서구에서는 별 맥을 못 추는 것은 서구에서 우리 콘텐츠의 콘텍스트 부재에 기인하는 것이다. 한류 드라마로 서구 진출을 생각한다면 포맷 수출로 우회하는 것이 콘텍스트에 제대로 대응하는 콘텐츠 마케팅 전략이다. 반면 K-팝은 우리 말 가사 그대로 노래해도 미국을 비롯한 전 세계 시장에서 큰 호응을 얻을 수 있다. 음악이라는 콘텐츠가 가지는 콘텍스트의 보편성 덕분이다.

콘텍스트는 콘텐츠의 정체성을 판단하는 척도로서 사용된다. 남과 다른 나의 존재양식이 정체성identity이라고 한다면 콘텐츠는 어떤 기획의도를 가지고 어떤 상황에서 누구를 대상으로 만들었느냐에 따라 정체성과 성격이 가늠되어진다. 주변 정황과의 관련성이 제대로 맞아떨어질 때만이 콘텐츠를 만드는 이유 혹은 존재의 이유가 분명해지는 것이다. 그래서 콘텐츠의 질을 가늠할 때 콘텍스트는 차별성을 내세우는 근거가 된다. 콘텐츠의 품질은 컨테이너보다 콘텍스트에 의해 좌우된다.

콘텍스트의 관점에서 본다면 콘텐츠를 제작해 유통하는 행위는 일방적인 전달이 아니라 콘텐츠를 주변 정황에 관련짓고 연결하는 것이다. 아마존의 서비스 역시 연결하고 매개하는 활동이다. 애플의 스티브 잡스는 "점을 연결하라Connecting the Dots!"라는 유명한 말을 남겼다. 결국 콘텐츠의 힘은 네트워크 효과의 강력한 힘을 가진 연결에서 비롯된다는 것을 강조한 것이다. 따라서 연결의 시대 콘텐츠 사업자들은 콘텐츠를 모으는aggregate 것보다 매개mediate하는 것이 더 중요하다. 윤지영 박사는 저서 『오가닉 미디어』에서 사람과 사람을 잇는 경우 이외에도 음악이나 영화와 같은 콘텐츠와 사람을 연결하는

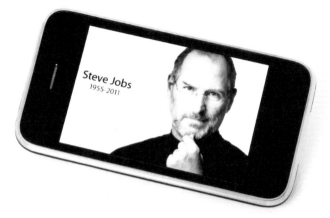

스티브 잡스는 "점을 연결하라"며 콘텐츠의 네트워크 효과와 강력한 힘은 연결에서 비롯된다는 것을 강조했다.

것도 매개로 정의하고 친구에게 영화를 추천한다거나 싸이의 「강남스타일」을 패러디하는 것도 모두 매개로 보았다. 즉 콘텐츠가 유통하는 과정에서 기존에 없었던 새로운 가치를 창조한다는 것을 매개의 핵심으로 여긴 것이다. 페이스북은 '좋아요'를 통해 가장 수월하게 가입자들을 포스팅에 매개시켰고 트위터는 리트윗을 통해 콘텐츠를 연결했다. 콘텐츠는 도달하는 것이 아니라 확산되는 것이기 때문이다. 콘텐츠의 모든 소비 행위는 그 자체로 콘텐츠에 대한 매개이다. 콘텐츠의 수많은 연결과 상호작용이 매개를 이루고 매개 과정을 통해 콘텐츠 세상은 진화한다.

연결된 세상에서 우리는 늘 내가 생산한 혹은 내가 선호하는 콘텐츠에 대한 접근과 소비가 가능하다. 우리는 스마트폰이 나온 이후 출퇴근 시간뿐만 아니라 여타 이동 시간 중에도 개인화된 콘텐츠를 즐길 수 있게 되었다. 이제 이러한 추세는 TV, PC, 스마트폰 외에도 자율주행 자동차, 구글 글래스와 같은 안경 등 다양한 디바이스로 확장되어 사물인터넷을 통한 콘텐츠 소비의 일상화를 불러온다. 특히 디지털 기술의 발달로 로봇의 출현과 인공지능의 고도화는 인간의 물리적 노동뿐만 아니라 정신적 노동 시간의 감소를 예상하게 한다. 이것은 곧 콘텐츠 소비의 증가로 이어진다. 아예 인공지능은 개인 비서 역할을 자처하고 나서서 콘텐츠 소비를 견인하고 있다. 무엇보다 여가 선용이나 인간다운 삶을 향유하는 차원에서 우리에게 콘텐츠는 필수적이다. 모든 문화 활동은 콘텐츠가 매개한다. 우리는 삶의 질적 향상을 위해서 끊임없이 읽고 듣고 보면서 콘텐츠를 소비한다. 언제 어디서나 보다 스마트하게 콘텐츠를 즐기고 소비하는 것이 곧 삶이 일상이 되었다. 콘텐츠 혁명 시대는 '기승전 콘텐츠'다.

4

개인에 최적화된
취향 콘텐츠

　페이스북의 창립자인 마크 주커버그**Mark Zuckerberg**는 "연결은 인간의 권리"라고 주장했다. 인터넷은 엄청나게 수많은 연결을 가능하게 한다는 점에서 세상을 바꾸는 동력이다. 구글이나 아마존은 사람들을 콘텐츠와 연결해주는 서비스를 하고 있다. 콘텐츠의 승부는 서로 얼마나 많이 연결되느냐에 따라 달려 있다. 구글이나 네이버 같은 검색 엔진이 강한 힘을 발휘하는 것은 검색의 결과로 수많은 링크를 제공하여 내가 알고자 하는 정보가 담긴 웹페이지와의 연결을 제공하기 때문이다. 포털이나 소셜 미디어의 경쟁력도 얼마나 쉽게 친구와 연결될 수 있는가, 또 포스팅이나 콘텐츠가 어떻게 친구와 쉽게 연결되어 공유되는가에 달려 있다.

　연결은 또 다른 연결을 낳는다. 콘텐츠 혁명 시대에는 네트워크로 사람과 사물이 다 연결된다. 연예인을 좋아하는 것도 마찬가지이다.

수많은 연결을 만드는 거대한 장터이자 광장으로 페이스북을 만든 마크 주커버그는 "연결은 인간의 권리"라고 주장했다.

과거에는 팬들은 개별적으로 연예인을 좋아했다. 지금은 팬덤fandom으로 연결되어 언제든지 결집해 의견을 형성하고 거대한 하나의 커뮤니티를 이룬다. 팬 경제가 이루어지는 것도 바로 이 지점이다. 스타가 찍힌 사진, 티셔츠, 머그잔, 달력, 화보 등 관련 파생상품이 연예기획사에 엄청난 수익을 올려주고 있다. 이것은 연예인이란 콘텐츠 자체가 하나의 연결된 플랫폼으로 기능하기 때문이다. 공감이란 남의 생각이나 감정을 자기의 것으로 느끼는 것을 말한다. 여기에서 콘텐츠를 소비하는 재미가 생긴다. 재미를 느끼면 소비자는 정서적 쾌감을 얻기에 기분이 좋아진다. 콘텐츠에 대한 공감도가 높아지면 이 '재미'를 친구들과 함께 즐기고자 하는 욕망이 생긴다. 그래서 공유하게 된다. 콘텐츠를 이끌어나가고 확산시키는 힘은 재미와 연결이다.

온라인 소셜 미디어에서 이루어지는 모든 활동이 모두 기록으로 남아 무수한 연결을 창출하고 그 연결이 콘텐츠를 만든다. 결국 콘텐츠는 소비자에 의해 가공되고 공유되며 재생산이 이루어진다. 연결의 시대에 유통되지 않는 콘텐츠, 즉 공유되지 않는 콘텐츠는 죽은 콘텐츠와 다름없다. 우리가 이미 '초연결' 사회에 살고 있기 때문이다. 초연결 사회에서는 같은 감성과 취향의 사람들끼리 연대가 수월해진다. 페이스북이나 밴드와 같은 소셜 미디어를 떠올리면 쉽게 이해가 된다. 소셜 미디어는 특정 취향을 함께하는 사람들, 특정 정보를 공유하는 사람들 혹은 특정한 감수성을 가진 사람들을 한데 묶어줌으로써 연결에 공헌한다.

이들은 플랫폼에서의 연대를 통해서 콘텐츠에 대한 공감을 표하고 또 콘텐츠를 공유한다. TV 뉴스보다 이들 친구들이 제공하는 소셜 미디어의 정보를 더 신뢰하고 레거시 미디어보다 1인 방송을 훨씬 더 즐겨 본다. 대형 스타보다 유튜브의 인플루언서가 이들에게 더 영향력이 있게 된 것도 바로 이러한 이유 때문이다. 고품질의 콘텐츠보다 내 취향의 콘텐츠가 더 매력적이다. 나의 취향과 감성이 콘텐츠에서 성취될 때 비로소 소비자는 행복을 느낀다. 일상적이고 평범하지만 누구에게나 있는 확실한 행복을 내 취향의 콘텐츠에서 얻고자 한다. 무라카미 하루키는 자신의 수필집 『랑겔한스섬의 오후』에서 이러한 행복을 '소확행小確幸'이라고 일컬었다. 작지만 확실한 행복이라는 의미이다. 이러한 일상의 소소한 행복을 지향하는 삶이 콘텐츠 소비의 새로운 트렌드를 만들어낸 것이다. '소확행' 콘텐츠를 즐기는 것은 개인화된 가치의 소비다. 콘텐츠 혁명의 핵심은 개인의 욕구를

「리그 오브 레전드」와 같은 게임은 상호작용성에 최적화된 서비스를 제공하기에 몰입감과 중독성이 강하다.

먼저 이해하고 여기에 최적화된 서비스를 제공하는 것이다.

개인화된 콘텐츠 소비 성향은 기존의 소비 패턴을 벗어나 자유분 방함을 지향한다. 대표적인 것이 게임 콘텐츠에 몰두하는 것이다. 청소년이 있는 집에서 부모와 자녀 사이의 갈등 가운데 게임은 단골 메뉴다. '공부하라는 부모와 게임하려는 자녀'가 충돌하는 것은 어쩌면 당연해 보인다. 게임은 신나고 재밌다. 한번 시작하면 도중에 끝내기 어려울 정도로 몰입된다. 게임에 몰두하고 있으면 공부는 뒷전이고 밥 먹으라는 말에도 "이 판 끝나고 먹을게. 먼저 먹어."로 응수하며 어떤 때는 게임하느라 날밤을 새우기 일쑤다. 지켜보는 부모 입장에서는 속이 탈 수밖에 없다. 오죽하면 "어미 아비도 몰라보는 롤(게임의 일종)"이라는 말이 나올까. 무엇이 게임에 그토록 열광하게 했을까? 게임이 공부에 찌든 청소년들에게 세상에 없는 즐거움을 제공하기 때문이다. 게임만 하면 그들의 눈빛은 빛난다. 특히 태스크를 완수하기 위해 친구들과 플레이하면서 함께 누리는 즐거움은 덤이다.

네덜란드 역사학자 요한 호이징하Johan Huizinga는 놀이하는 인간의 본성을 가리켜 유희하는 인간이라는 의미로 '호모 루덴스Homo Ludens'라 칭한 바 있다. 그는 놀이가 우리 삶의 변방에 자리잡은 일종의 잉여 또는 보완물이 아니라 놀이 그 자체가 삶의 형식이고 사회구조라고 말했다. 이런 의미에서 게임은 인간의 유희적 본성이 대중문화로 표현된 콘텐츠다. 게임은 소수 마니아만의 서브 컬처sub culture가 아니며 게임의 방식은 일상의 영역에서 보편화되어 간다. '스크린 골프'만 하더라도 스포츠와 게임의 영역을 동시에 소구하며 많은 사람에게 즐거움을 주고 있다. 게임은 다른 어떤 콘텐츠보다도 상호작용을 기반으로 전개되는 콘텐츠다. 다시 말해 사용자의 선택과 의지가 게임 콘텐츠의 스토리 전개에 영향을 주고 전혀 다른 결과를 생성해낸다는 것이다.

이런 의미에서 현존하는 콘텐츠 가운데 어쩌면 게임이 가장 소비자 중심적인 장르라고 할 수 있다. 게임은 10대들만의 오락이 아니다. 지하철에서 자투리 시간에 스마트폰으로 게임에 열중하는 중년 남녀를 만나는 것이 절대 낯설지 않기 때문이다. 사실 게임은 지하철에서뿐만 아니라 현대인의 일상 곳곳을 점유하고 있다. TV에서 게임 광고를 심심치 않게 볼 수 있으며 아시안 게임에서 시범종목으로 채택되기도 했다. 산업적 측면에서도 게임은 그 위용을 보여준다. 전 세계 게임 산업은 2013년 175억 달러에서 2017년 4,090억 달러로 지속적으로 성장하고 있다. 게임 인구의 저변 확대와 스마트폰의 보급으로 게임 시장의 성장 기반이 잘 구축되어 있기 때문이다. 가히 게임의 시대라 할 만하다.

이제 게임은 게임만의 영역을 넘어 여타 산업 전반에 새로운 변화를 만들어낸다. 여기에서 등장한 개념이 게임화gamification '놀면서 배운다'이다. 게임화란 게임 이외의 분야에 게임적 사고를 적용하는 것이다. 다시 말해 교육, 금융, 유통 등 모든 분야에서 재미와 경쟁 그리고 보상 등 게임적 요소를 사용하여 사용자의 관심과 참여를 끌어내 몰입감을 높이는 것을 의미한다. 게임화는 현재 산업 전 분야에 걸쳐서 활용되고 있으며 페이스북, 애플, 나이키, 맥도날드 등 많은 기업이 게임화를 통해 톡톡히 경영 성과를 내고 있다. 특히 콘텐츠 산업에서 게임화의 의미는 남다르다.

게임은 상호작용이 가장 잘 반영되는 미디어 도구이다. 상호작용성은 몰입감을 높인다. 이런 게임의 상호작용은 여타 콘텐츠의 지향점이기도 하다. 콘텐츠는 상호작용해야 비로소 의미가 생성되기 때문이다. 경험재로서 콘텐츠는 인간이 본능적으로 재미를 추구하는 데서 출발했다. 게임의 보상과 경쟁 요소가 콘텐츠의 재미와 동기를 유발시켜 콘텐츠에 대한 이해도와 흥미를 높인다면 게임화로 확장할 충분한 이유가 된다. 영화, 드라마, 캐릭터, 공연 등 콘텐츠 산업 전반에 게임화를 접목한다면 사용자들에게 동기를 부여하고 콘텐츠 소비를 촉진할 수 있을 것이다.

게임화와 함께 콘텐츠 소비의 개인화 현상을 잘 보여주고 있는 것이 '빈지 뷰잉binge viewing'이다. 이것은 보고 싶은 콘텐츠를 원하는 시간에 마치 폭식하듯 몰아보는 시청 방식이다. '몰아보기'로 번역되는

빈지 뷰잉은 보고 싶은 콘텐츠를 마치 폭식하듯이 한꺼번에 몰아서 보는 시청 경향을 말한다.

빈지 뷰잉은 폭식binge과 시청viewing의 합성어로서 주말이나 시간이 날 때 보고 싶은 콘텐츠를 한꺼번에 몰아서 보는 시청 경향을 말한다. 경영 컨설팅 기업 딜로이트의 2018년 디지털 미디어 트렌드 조사를 보면 Z세대는 91%, 밀레니얼 세대는 86%가 동영상 스트리밍 서비스를 이용해 몰아보기로 콘텐츠를 즐기는 것으로 나타났다. Z세대는 1997년 이후 태어난 청소년을 말하며, 밀레니얼 세대는 X세대(1966년에서 1982년까지 출생한 세대) 다음 세대라고 해서 Y세대로 불리는 1983년에서 1996년까지 출생한 세대를 일컫는다. 즉 X세대에서 Y세대로 또 Z세대로 연령이 어려질수록 콘텐츠 소비에서 몰아보기의 경향이 강해지는 것을 알 수 있다.

아울러 디지털 세대에게는 콘텐츠 소비의 편식이 심화되고 있다. 콘텐츠 편식이란 자신이 좋아하는 콘텐츠만 골라서 본다는 것이다.

디지털 세대는 수동적인 소비자이길 거부한다. 따라서 원하지 않는 콘텐츠는 그냥 넘겨버리고 자기 취향의 콘텐츠만을 선택적으로 소비한다. 이런 의미에서 편식이 이들의 콘텐츠 소비 경향이라고 할 수 있다. 디지털 세대는 유튜브와 같은 소셜 미디어에 자신이 좋아하는 콘텐츠를 '구독subscription'하는 형태로 소비한다. 즉 특정 크리에이터의 새로운 콘텐츠가 업로드될 때마다 사용자들은 알림을 받고 그 콘텐츠를 찾아서 시청한다. 구독은 콘텐츠 편식의 적극적인 발현이다. 온디맨드 서비스는 콘텐츠 소비자들의 편식을 존중하는 장치다. 바야흐로 '편성'보다 '검색'이 중요한 시대가 됐다. 콘텐츠라는 재화와 서비스를 소비하는 방식이 혁명적으로 바뀐 것이다.

아마도 음식 이야기라면 폭식과 편식은 건강상의 이유로 매우 부정적으로 들렸으리라. 하지만 콘텐츠 소비의 경향으로 말하자면 폭식과 편식은 콘텐츠 소비 행태의 자기 결정권 강화와 자유로움이 강화된 것으로 이해할 수 있다. 시청자들은 더 이상 본방 사수에 목매지 않는다. 채널 고정도 없다. 내가 좋아하는 콘텐츠만 골라서 시간 날 때 몰아서 본다. 콘텐츠를 통해 자신의 취향을 존중받으며 소소하지만 확실한 행복을 느낀다. '소확행' 콘텐츠 시청 경향은 '니치 마켓 niche market'의 성장을 견인했다. 니치 마켓은 틈새시장을 뜻하는 말로서 세분화된 시장을 의미한다. 보편적이고 대중적인 콘텐츠와 더불어 개별 취향에 최적화된 니치 콘텐츠가 부상하여 가치를 확보한 것이다. 콘텐츠 혁명 시대에는 '고퀄high quality'의 콘텐츠보다 비록 거칠더라도 개인화되고 맞춤화된 '내 취향의 콘텐츠'가 어찌 보면 더욱더 각광을 받는다.

5

상상이 현실이 된다
-가상현실과 증강현실

가상현실은 말 그대로 가상의 현실Virtual Reality이다. 3차원의 가상 공간에 실제와 유사한 환경을 만들어서 사용자가 마치 직접 그 환경에 들어와 있는 것과 같은 경험을 제공하는 것이다. 가상의 공간에서 다양한 콘텐츠가 시각적, 촉각적, 청각적 자극을 함께 제공하여 우리의 오감을 확장하면서 소비자 경험을 극대화시킨 것이다. 가상현실은 궁극적으로 가상의 환경이 실제 현실을 완벽하게 구현하는 것을 지향한다. 즉 컴퓨터 시스템에서 생성한 가상공간과 사용자 간의 상호작용이 인간의 감각을 통해 몰입감을 제공하는 융합 기술이라 할 수 있다. 가상현실은 시간이나 공간적인 제약에서 자유롭기에 국내외적인 관심을 받으며 빠른 기술 발전을 매개로 해 높은 성장을 보이고 있다.

가상현실 콘텐츠는 이미 우리 생활과 밀접한 형태로 발전하고 있

가상현실은 3차원의 가상공간에서 다양한 콘텐츠가 우리의 오감을 자극하여 몰입감을 제공하는 융합 기술이다.

다. 특히 뉴스와 다큐멘터리에서 관련 기술을 활용한 콘텐츠가 증가 추세에 있다. 가상현실이 보다 우리에게 친근하게 적용되는 분야는 게임이다. 몰입감이 주는 재미가 어떤 분야에서보다 게임에서 제대로 효과를 발휘하기 때문이다. 벌써 젊은 층들이 많이 찾는 거리에는 가상현실을 이용한 게임방이 성업 중이다. 게임방은 오락실에 이어 PC방과 플스방(플레이스테이션방) 등으로 이어져 왔다. 하지만 이제 가상현실 기술이 발달함에 따라 앞으로는 VR방이 새로운 게임방으로 자리잡을 가능성이 크다.

증강현실은 사용자가 눈으로 보는 현실세계에 실시간으로 가상세계를 더해 새로운 경험을 제공하는 서비스이다. 스마트폰 카메라로 현실세계를 비추면 스크린에 가상의 이미지가 현실세계와 결합

가상현실과 증강현실이 선풍적인 관심을 불러일으키는 것은 이제까지 경험해보지 못했던 독특한 소비자 경험을 매력으로 제공하기 때문이다.

하여 실제인 것처럼 느끼게 하는 것이 대표적인 예다. 드라마나 영화를 수동적으로 감상하는 데서 벗어나 실제의 공간이 반영된 화면에 사용자가 직접 터치하거나 화면에 새로운 작업을 할 수 있도록 한다. 2016년에 등장한 모바일 게임 「포켓몬 고」가 대중들의 선풍적인 인기를 누리며 증강현실에 대한 대중의 관심을 높였다. 증강현실에서는 소비자들은 참여를 통해서 오감이 확장되는 경험을 느끼는데 감각이 훨씬 극대화되고 몰입감에 빠지게 된다.

증강현실은 체험 기능이 강조된 콘텐츠에 적합하다. 증강현실을 이용한 콘텐츠는 사용자에게 몰입도 강한 스토리텔링을 제공한다는 점에서 주목받고 있다. 실제 일기예보나 스포츠 중계 등에서 톡톡히 제구실하고 있다. 미국의 날씨 전문채널인 '더 웨더 채널The Weather

증강현실을 활용하여 낙뢰 소식을 전하는 일기 예보 장면 (출처: 더 웨더 채널)

Channel'의 경우 생방송 진행자의 손동작에 따라 움직이는 증강현실 이미지를 일기 예보 프로그램에 사용해 크게 주목받았다. 특히 태풍이 불 때 그 규모와 피해를 가상의 이미지를 통해 시각화함으로써 더 실감 나게 날씨 정보를 전달했다는 평가를 받고 있다.

선거 개표 방송에서도 증강현실을 활용한 그래픽 활용이 두드러지고 있다. 우리나라에서도 2017년 대선과 2018년 지방선거에 많은 방송사가 증강현실 스튜디오를 만들어 각종 그래프와 인포그래픽을 활용해 시각화에 공을 들였다. 사용자들에게 더욱 실감 나게 콘텐츠를 즐기며 시각화를 통해 직관적으로 정보를 이해할 수 있게끔 도와주기 때문이다. CNN은 360도 시청이 가능한 CNNVR을 출범시켜 VR 뉴스를 제공하는 등 언론사를 중심으로 가상현실과 증강현실을 저널리즘의 도구로 사용하려는 시도가 계속되고 있다.

2018년 평창 올림픽에서는 『뉴욕타임스』『워싱턴 포스트』 등이 미국의 보도 매체들은 증강현실 기술을 활용해 피겨 스케이팅, 쇼트트

가상현실과 증강현실이 선풍적인 관심을 불러일으키는 것은 이제까지 경험해보지 못했던 독특한 소비자 경험을 매력으로 제공하기 때문이다.

랙, 스노우보드 등 다양한 종목에서 선수들의 움직임이 마치 독자들이 실제 있는 장소에서 움직이는 것처럼 생생하게 보여주기도 했다. 어떤 이는 머리에 쓰는 디스플레이어 기기가 있어야만 콘텐츠 소비가 가능한 가상현실에 비해 스마트폰 등 다양한 기기를 통해 즐길 수 있는 증강현실이 잠재력이 크고 부가가치가 더 높다고 주장한다.

증강현실 역시 가장 인기를 끄는 부문은 게임이다. 게임이라는 콘텐츠가 갖는 강한 몰입성이 실제 현실과 구별하기 어려울 정도로 정교해지는 가상세계의 구현에서 비로소 실현되기 때문이다. 증강현실과 가상현실 디지털 기술과 콘텐츠의 결합이 가속화되는 가운데 혼합현실MR, Mixed Reality도 아울러 주목받고 있다. 혼합현실은 실제의 배경에 현실과 가상의 정보를 혼합해 기존보다 진화된 가상의 세계를 구현하는 기술이다. 2017년 노르웨이의 MR 스타트업인 '더 퓨처 그룹The Future Group'과 영국에 기반을 둔 글로벌 콘텐츠 제작사 '프리멘탈미디어FremantleMedia'가 함께 만든 MR 게임쇼 「로스트 인 타임 Lost in Time」은 세계 최초의 혼합현실 TV 프로그램으로 평가받고 있다. 이 프로그램은 참가자들이 MR 기술을 활용해 제작된 다양한 시공의 가상세계를 오가며 도전 과제를 수행하고 모험을 이어나가는 게임쇼이다. 시청자들은 스마트폰을 통해서 참가자들의 모험을 지켜보며 도전 과제에도 동참할 수 있다. 이것은 기존 TV 방송의 선형 linear적인 시청 경험을 양방향성으로 교감하는 것으로 전환시켰다. 가상현실에 역동성을 부여하고 인터렉티브한 것으로 만들어 새로운 소비자 경험을 제공한 것이다. 노르웨이에서 방송된 「로스트 인 타임」의 성공에 힘입어 향후 관련 기술의 개발을 통해 콘텐츠의 미래가 어떤 모습으로 변화할지 궁금해지는 대목이다.

세계적인 투자회사 디지 캐피털은 세계 증강현실과 가상현실 시장 규모를 2018년 약 50억 달러, 2020년에는 1,500억 달러에 달할 것으로 전망했다. 골드만삭스는 2025년까지 가상현실 관련 콘텐츠 시장이 350억 달러에 이용자 3억 명 이상의 규모로 성장할 것이며 콘텐츠도 현재 가장 보편적인 게임에서부터 공연, 이벤트, 영상, 유통, 교육, 의료, 국방, 공학 등 다양한 분야에 접목되어 활용될 것으로 전망했다. 한국가상현실산업협회 자료를 보면 국내 가상현실 시장 규모 역시 2015년 9,636억 원에서 향후 2020년에는 5조 7,000여 억 원에 이를 것으로 예견된다.

가상현실과 증강현실이 선풍적인 관심을 불러일으키고 있다. 이제

전세계 가상현실과 증강현실 시장 규모 성장

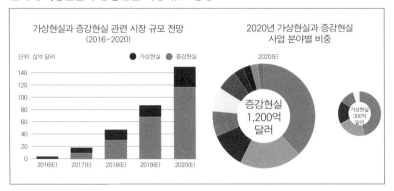

- 가상현실과 증강현실 시장은 2020년까지 성장을 거듭하여 1,500억 달러(약 170조 원) 규모로 확대될 것으로 기대
- 현재까지는 가상현실이 시장규모에서 우위를 차지하고 있으나 2017년 이후로는 가상현실이 성장을 주도해 2020년에는 전체시장의 80%인 1,200억 달러(약 140조 원)의 매출이 발생할 것이라고 예측

까지 경험해보지 못했던 독특한 소비자 경험을 매력으로 제공하기 때문이다. 콘텐츠는 소비자의 욕망을 끊임없이 건드리고자 한다. 욕망이야말로 콘텐츠 소비의 진정한 원천이기 때문이다. 욕망을 자극하는 것은 매력이다. 매력魅力이란 한자어의 풀이대로 말하자면 '도깨비처럼 홀리는 힘'이다. 사람의 마음을 사로잡아 끄는 힘이 바로 매력인 것이다. 방송, 영상, 패션, 영화, 게임, 만화, 캐릭터 등 콘텐츠 산업은 매력에 승부를 걸어야 한다. 과학기술의 발달과 더불어 현대사회는 먹고사는 문제에서 벗어나 삶의 질을 추구하게 되는데 필연적으로 여가를 어떻게 즐기는지가 관건으로 작용하기 때문이다. 콘텐츠는 여가를 선용善用하게 한다.

콘텐츠의 소프트 파워는 소비자의 가슴과 머리를 품고 사로잡는 힘이다. 단지 지식으로 설득할 뿐만 아니라 오감을 자극함으로써 정서적으로 작동하는 힘이다. 콘텐츠는 정보와 오락을 동시에 충족시켜 준다. 정보가 배제된 오락은 공허하고 오락성이 배제된 정보는 지루하다. 모든 상품은 소비자를 향한 유혹이기에 본질적으로 딱딱하지 않은 말랑말랑한 힘을 가진 콘텐츠는 더욱더 위력적이고 매력적이다. 콘텐츠 혁명 시대에 가상현실과 증강현실에 주목하는 이유다.

3장

데이터 지능에서
인공지능까지

1

데이터 지능
-더 많은 시야와 가치 있는 통찰

우리의 삶은 데이터로 가득 차 있다. 아침에 몇 시에 일어나는지, 제일 먼저 무슨 일을 하는지, 또 출근길에 어떤 교통수단을 이용하는지, 직장에서 마시는 음료는 무엇인지, 또 오늘의 점심 메뉴는 무엇이고 친구들과 나눈 카톡 메시지는 무엇인지, 어떤 음악을 듣고 또 어떤 영화를 보는지 등 우리 삶의 모든 것들이 기록되고 수집될 때에 이를 데이터라고 할 수 있다. 우리 일상에서 데이터는 이런 의미에서 '데이터의 홍수 시대'라고 말할 정도로 쏟아져 나오고 있다. 빅데이터Big Data라는 말도 여기에서 나왔다.

빅데이터의 핵심은 엄청난 데이터를 기반으로 해 얻는 새로운 가치의 창출이다. 양적 데이터가 질적 변화를 이끌어내는 것이다. 빅데이터를 이루는 것은 우리 모두의 일거수일투족이다. 이 순간에도 우리의 일상은 데이터로서 수집되고 관리된다. 더욱이 인터넷과 스마

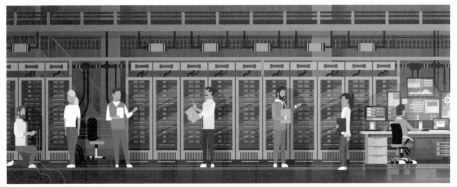
데이터피케이션은 세상과 삶의 모든 측면을 포착하여 분석 가능한 데이터로 바꾸는 과정이다.

트폰의 보급으로 우리의 일상이 한층 복잡하게 연결되고 점점 더 많은 사람이 소셜 미디어를 이용하면서 다양한 형태의 데이터 생산이 급증하고 있다. 과거에는 데이터의 생산이 특정한 부문에서 이루어졌으나 초연결 사회에서는 누구나 데이터 생산의 주체가 됐다. 우리 자신도 모르는 사이에 우리의 모든 활동이 '연결'에 의해 관찰되고 기록되어지며 데이터를 만들어내고 있기 때문이다.

여기에다가 사물인터넷 기술의 발달은 가히 데이터의 폭발적인 증가를 가져왔다. 이러한 데이터를 하나하나 수집하여 뜯어보고 연구하면 새롭고 유익한 정보를 얻을 수 있다. 데이터의 역할은 사실 관계를 정확히 제시함으로써 제대로 일의 사정과 형편을 파악하게 하여 현명한 결정을 내릴 수 있도록 돕는 것이다. 모든 것이 연결되고 상호작용하는 초연결 사회에서는 사물과 사물, 사람과 사물, 그리고 온라인과 오프라인이 연결되어 데이터로 활용된다.

이제 우리의 삶은 데이터를 기반으로 재구성된다. 여기에서 바로

'데이터피케이션datafication'이 작동한다. 데이터피케이션은 좁은 의미로서는 가장 밑바탕의 사실을 자료의 단계로 만드는 것이며 넓은 의미로서는 자료를 의미와 가치를 부여할 수 있는 형태로 바꾸는 것이다. 원재료인 '사실fact'이 데이터피케이션을 통해 '데이터'가 되면 이것은 정보라는 새로운 형식의 가치로 전환된다. 즉 데이터피케이션은 세상에 일어나는 모든 일을 수집하고 이를 수량화하여 이해하고자 하는 인간의 모든 노력이다. 예를 들어 기업은 데이터피케이션을 통해 누가 어떤 수요를 가지는지 예측하고 그 예측에 상응하여 맞춤형 서비스를 제공할 수 정보를 구할 수 있는 것이다. 구글이나 페이스북은 소비자의 데이터를 쓸어 담고 있다. 이들이 데이터 포식에 나서는 이유는 무엇일까? 바로 데이터피케이션을 통해 수집된 사실에 대한 향상된 분석과 효율성을 얻고자 하기 때문이다.

데이터피케이션은 새로운 가치를 생산하게 하는 물적 토대이기 때문이다. 신성장동력으로 꼽히는 사물인터넷, 인공지능, 자율주행차 등 미래 산업을 이끌어나가는 동력도 바로 데이터에서 비롯된다. 다변화된 현대사회를 더욱 정확하게 예측하여 효율적으로 작동케 한다. 우리의 삶과 우리 사회가 가진 많은 문제를 풀어나갈 기반도 된다. 빅데이터가 바로 해결사다. 이제 중요한 것은 주변에 널려 있는 수많은 사건과 팩트를 데이터화해서 누가 더 빨리 유용한 통찰력과 정보와 지식을 찾아내느냐의 싸움이다. 즉 데이터를 처리하는 능력이 관건이다.

더 많은 데이터피케이션이 이루어질수록 세상에 대한 새로운 이해의 길이 열린다. 데이터피케이션은 사실이란 재료들을 가지고 세상

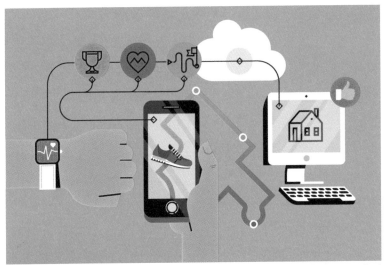

우리의 삶은 데이터피케이션datafication 프로세스의 연속이다. 일상생활이 나도 모르게 자동적으로 데이터화되고 있는 것이다.

의 지도를 그릴 수 있게 해주는 툴이다. 데이터피케이션은 세상과 삶의 모든 측면을 포착해서 그것을 분석 가능한 데이터로 바꾸는 과정이기 때문이다. 데이터피케이션은 의료, 금융, 제조, 유통 등 다양한 분야에서 과거에는 풀지 못했던 수많은 문제들을 해결하고 우리 생활을 한층 윤택하게 하는 데 공헌한다. 사실 우리의 삶은 데이터피케이션 프로세스의 연속이다. GPS는 위치를 데이터화하고 페이스북과 같은 소셜 미디어는 사람들의 소통을 데이터화한다. 일상생활이 나도 모르게 자동적으로 데이터화되고 있는 것이다.

나의 친구들은 페이스북에서 데이터화되어 있다. 나의 위치는 구글이 늘 알고 있다. 내가 선호하는 뉴스 제공사는 네이버가 알고 있다. 트위터에 내 생각을 밝혔다면 그것도 나의 의견으로 데이터화된다. 나의 인적 네트워크는 카톡 친구 명단에서 쉽게 찾을 수 있다. 길을 찾기 위해 네비게이션을 사용했다. 이것은 나의 이동 동선이 데이터화됨을 의미한다. 필자의 경우 책을 살 때 대개 온라인에서 주문하기 때문에 그동안 읽은 책도 추적이 가능하고 온라인 쇼핑 정보를 통해 취향의 먹거리도 알게 된다. 스마트폰으로 인해 조깅 기록, 아침에 일어난 기록, 먹은 기록 등 우리의 일상을 우리 스스로 데이터화한다.

데이터피케이션은 말 그대로 각종 자료를 데이터로 정보화하는 것이다. 정보화한다는 것은 세상의 모든 재료를 통해 세상을 이해할 수 있도록 하는 도구를 만드는 것이고, 의사결정에 도움을 줄 때 비로소 그 가치가 드러난다. 데이터피케이션은 단순히 팩트를 데이터로서 저장하는 것만을 의미하지는 않는다. 범람하고 있는 엄청난 양의 데이터 속에서 필요한 정보를 수집하고 분류하며 또 분석해서 의사결정에 활용하는 모든 노력이 데이터피케이션이다. 데이터피케이션은 맥락 없이 산재한 사실들을 의미를 산출할 수 있는 데이터로 묶는 것이다. 빅데이터 시대에는 시장도 경쟁사도 고객도 또 제품과 서비스도 데이터로서 존재할 때 비로소 정보로서 의미가 있다.

데이터의 형태도 텍스트와 숫자만이 아니라 사진과 동영상 등 비정형적으로 그 형태도 다양하다. 이렇게 수많은 재료가 모두 기록되고 활용될 수 있도록 하는 것이 데이터피케이션이며 그 수많은 데이터 속에서 숨겨진 정보와 패턴을 찾아내는 것 그리고 가치를 찾아내는 것이 빅데이터 시대의 경쟁력이다. 초연결 사회의 핵심이 데이터피케이션에 있기 때문이다. 우리는 자동차를 운전할 때 기존에 습득

과거와 현재를 통해 귀중한 통찰을 얻어 미래를 예측하고 의사결정 능력의 고도화를 이루는 것이 바로 데이터가 꿈꾸는 세상이다.

하는 도로 정보와 운전 경험 혹은 길 찾기 정보를 바탕으로 목적지에 도착하는 경로를 선택한다.

　그렇지만 이러한 운전자의 직관보다 잘 만들어진 네비게이션을 사용하는 것이 훨씬 효율적이다. 잘 만들어진 네비게이션은 실시간으로 도로 정보 데이터를 수집하고 그 분석을 통해 경로를 선택하기 때문이다. 어디에서 공사하는지 또 사고가 있어 길이 막히는지 새로 입력된 데이터는 최선의 선택을 하기 위해 끊임없이 데이터를 업데이트하고 판단한다. 데이터 지능data intelligence이란 바로 이런 것이다. 최선의 의사결정을 위해 데이터를 활용하는 시스템과 지혜가 바로 데이터 지능이다. 데이터 지능은 세상에 존재하는 수많은 데이터를 통해 혹은 그 많은 데이터를 또 다른 데이터와 결합해 연관 관계와 새로운 의미를 찾는 지혜를 말한다. 데이터 지능은 다양한 영역에서의 의사결정을 데이터에 의해 최적 수준으로 가능하게 한다.

귀납을 바탕으로 하는 데이터 분석에서 중요한 것은 연역적 결론이다. '이유'가 모호해도 '결론'을 아는 것은 매우 중요하다. 데이터는 패턴을 찾아내 통찰을 얻는 것이다. 이유가 중요하지 않다는 것이 아니라 '결론'이 더 중요하다는 것이다. 데이터는 과거에 어떤 일이 왜 일어났는지 정확히 설명할 수 없을지 모르지만 과거 데이터의 촘촘한 수집과 최적화된 분석으로 미래에 어떤 일이 일어날 것인지를 얘기해줄 수 있다. 태풍이 왜 발생했는지는 이유를 찾기보다 곧 태풍이 불어올 것을 예측하고 어떤 경로를 통해 들이닥칠지 분석해 대응책을 찾는 것이 현실에서는 더 유용하다.

우리의 맥박이나 혈압 그밖의 건강 수치 등 모든 의료 데이터는 당연히 질병의 치료 과정에서 효용을 발휘하겠지만 더 긍정적인 것은 의료 정보를 통해 질병을 미리 예방하는 단계로 발달하여 우리 삶의 질을 향상시키는 것이다. 바로 이런 점 때문에 우리는 데이터를 체계적으로 수집하고 관찰하며 데이터 역량을 키운다. 과거와 현재를 통해 귀중한 통찰을 얻어 미래를 예측하고 의사결정 능력의 고도화를 이루는 것이 바로 데이터가 꿈꾸는 세상이다. 지식을 가졌다는 말은 과거에 대한 정보와 식견을 풍부하게 가지고 있다는 뜻이고 지혜는 그 정보를 통해 미래를 짐작할 수 있는 혜안을 뜻한다면 데이터를 수집하고 분석하여 통찰을 얻는 것이 바로 콘텐츠 혁명 시대의 지혜다.

다크 데이터dark data란 말이 있다. 숫자와 같이 정형화된 데이터가 아니라 그림이나 영상 등의 비정형 데이터와 사람의 몸짓이나 목소리에 담긴 감정 등 분석이 어려운 데이터를 말한다. 다시 말해 다크 데이터는 수집되고 저장할 수 있지만 실제 분석에는 사용되지 못했던 데이터를 의미한다. 그렇지만 기업들이 비정형의 방대한 데이터를 저장하는 용량을 늘이고 분석할 수 있는 도구를 개발하면서 점차 다크 데이터가 빛을 발하고 있다. 그동안 활용되지 못하고 사장되었던 다크 데이터의 가능성은 무궁무진해 보인다. 과거에는 기술적 한계와 비용 부담으로 활용되지 못하고 버려졌다. 하지만 지금은 인공지능 기술의 도입으로 분석에 들어가는 시간과 비용을 줄여주고 효과적으로 수많은 비정형 데이터를 분석하고 가공해서 관리하는 것이 가능해졌기 때문이다. 세계적인 시장조사업체 가트너는 「2018 디지털 트렌드」에서 다크 데이트의 중요성을 강조했다. 다크 데이터를 포함해 세상의 모든 데이터를 통해 미래를 예측하고 최적의 의사결정을 내릴 수 있는 알고리즘이 속속 개발되고 있다.

다크 데이터를 새로운 데이터의 금맥 혹은 블루 오션으로 보는 것은 데이터의 양이 엄청나게 많아졌다는 양적 측면뿐만 아니라 감정이나 정서의 미묘한 변화 등 비정형적 요소까지 데이터피케이션으로 정보화가 이루어진다는 것이다. 데이터피케이션은 기업이 소비자와 소통할 가능성을 무한대로 확장시켰다. 데이터를 분석해 이용자의 취향을 알아채 맞춤형 콘텐츠를 제공하는 것이다. 이것은 경제적 수익과 매우 밀접하게 작용한다. 데이터에서 돈이 나온다. 데이터 지능을 가진다는 것은 자본과 기술을 마련한 것과 같다. 수집된 데이터를 바탕으로 권력과 금력을 획득할 수 있기 때문이다. 우리시대 디지털 경쟁력의 핵심은 소비자의 취향과 요구를 데이터로 수집하고 똑똑하게 분석하는 역량에 달려 있다. 데이터 지능은 공급자의 생각에서 소비자의 생각으로 전환하는 게임이며 바로 여기에서 시장 경쟁력이 가늠되는 것이다. 데이터 지능은 데이터를 분류하거나 분석 가능한 재료를 찾는 것뿐만 아니라 그 속에 담긴 패턴이나 미래 예측에 도움이 되는 인사이트를 얻는 것을 의미한다. 데이터 역량은 더 많은 시야를 의미하고 데이터 지능은 가치 있는 통찰을 이끌어내는 힘이다.

2
데이터 중심의 콘텐츠 패러다임

우리는 모든 것이 초연결되고 초지능화된 사회인 4차 산업혁명 시대를 맞이하고 있다. 1차 산업혁명은 증기기관, 2차 산업혁명은 전기, 3차 산업혁명은 컴퓨터가 종래의 권위를 뒤엎은 혁명의 핵심이었다면 4차 산업혁명은 빅데이터에 기반한 소비자의 사용과 참여가 그 중심에 있다. 디지털 환경 전환으로 지금은 그 규모를 가늠할 수 없을 정도로 많은 정보와 데이터가 생산되는 빅데이터 환경이 도래했다. 데이터 그 자체는 단순한 '사실'이지만 그 데이터에 의미를 부여하면 그것은 콘텐츠가 된다. 따라서 콘텐츠를 만드는 원재료가 데이터라고 할 수 있다.

데이터를 통해 만들어진 콘텐츠는 또 다른 콘텐츠를 위한 데이터가 되기도 한다. "구슬이 서 말이라도 꿰어야 보배."라고 했다. '사실'을 제대로 꿰지 못하면 의미 있는 콘텐츠가 되기 어렵다. 실제 우리 일상의 모든 것들이 데이터로서 꿰어지고 있다. 이렇게 데이터가 축적되고 활용되기 시작하면서 콘텐츠 비즈니스의 작동 방식이 변화하고 있다. 이제 콘텐츠를 기획할 때 직관의 힘을 믿지 말고 데이터의 힘을 믿는 것이 분명 현명해 보인다. 데이터 분석으로 얻은 인사이트를 기반으로 하는 의사결정은 그동안 경영진의 감에 의존하여 판단하는 것에 비해 더 나은 콘텐츠를 생산할 수 있는 기반을 제공한다.

빅데이터 분석으로 그전에는 보이지 않던 현상이나 인과관계를 찾아내 콘텐츠의 스토리텔링에 활용할 수 있다. 현명한 사업자는 콘텐츠의 생산과 유통에 빅데이터의 통찰력을 활용한다. 이를 통해 어떤 고객을 좇아야 하는지, 소비자가 진정으로 원하는 것은 무엇인지, 또 그것을 어떻게 소비자가 원하는 방식으로 제공할지 고민한다. 즉 데이터에 기반을 둔 콘텐츠 최적화를 이루고자 한다. 따라서 데이터를 어떻게 확보하느냐 혹은 어떻게 해석하고 전략을 세우느냐에 따라 콘텐츠 사업자의 명운이 달려 있다.

콘텐츠 산업은 하이 리스크 하이 리턴의 특징을 가지고 있다. 흥행에 성공하면 높은 투자 이익을 얻을 수 있지만 흥행에 실패하면 투자 원금도 회수하기 어렵다. 이런 위험 요인 때문에 소비패턴 조사를 통해 수요를 예측하여 시장의 불확실성을 낮추는 것이 필요하다. 즉 흥행 예측 실패로 인한 리스크를 줄이는 데 데이터의 수집과 분석은 필수적이다. 또 하나의 데이터 주도 콘텐츠 전략은 배급과 마케팅 단계에서 소셜 미디어 등 빅데이터 분석을 통해 특정 지역이나 특정 연령대 소비자들의 선호도를 사전에 파악하여 배급 시기와 홍보 방

콘텐츠 산업의 기회는 빅데이터를 어떻게 확보하느냐 그리고 어떻게 해석하고 전략을 세우느냐에 따라 달려 있다.

법 등을 효율적으로 수립해 마케팅 전략을 세우는 것이다. 요컨대 콘텐츠 산업의 기회는 데이터의 발견에서 비롯된다. 이것은 단지 능률의 향상만을 의미하지 않는다. 데이터는 기존의 콘텐츠 제작 프로세스를 효율적으로 바꾸는 차원을 넘어서 아예 새로운 콘텐츠 모델을 제시하거나 전에 없던 콘텐츠의 새로운 가치를 만들어내는 매개이다. 콘텐츠는 대중의 공통된 소비 패턴을 공략하는 데 대중의 패턴을 수집하고 분석할 때의 재료가 바로 데이터이기 때문이다.

콘텐츠 경쟁력은 의사결정에서 데이터를 얼마나 잘 활용하느냐에 달려 있다. 따라서 데이터를 찾는 일은 콘텐츠 산업뿐만 아니라 모든 사업자에게 마치 금맥을 캐는 일과 같이 되었다. 그래서 어떤 이는 데이터를 4차 산업혁명 시대의 원유라고도 한다. 자동차를 소유하고 있지 않은 우버가 세계 최대의 택시 서비스 회사가 되고 호텔을 하나도 소유하지 않은 에어비앤비가 세계 최대의 숙박 서비스 회사가 될 수 있었던 비결도 바로 소비자 데이터 활용 전략에 있었다. 데이터를 수집하고 활용하는 능력은 성공적인 비즈니스 모델을 만드는 데 필수 도구가 되었다. 구글, 페이스북, 아마존 등 글로벌 사업자들이 엄청난 비용을 투자하며 검색 서비스를 제공하고 텍스트나 동영상을 포스팅할 수 있도록 플랫폼을 만들어두는 것도 어떤 의미에서는 사용자들의 데이터를 확보하기 위해서이다. 그래서 구글은 지난여름 당신이 어디에서 무엇을 했는지 잘 알고 있다.

무엇보다 우리는 데이터에 기반을 둔 콘텐츠 소비 경험에 주목해야 한다. 디지털 환경의 조성으로 소셜 미디어를 통한 콘텐츠 유통이 늘어나면서 여기에서 수집한 소비자 데이터를 활용하여 콘텐츠 소비의 분석적 통찰을 얻을 수 있다. 페이스북이나 트위터 등 소셜 미디어는 소비자가 입력하는 '좋아요'나 리트윗 등으로 엄청난 양과 속도로 소비자 피드백을 생산하고 있다. 사업자는 이를 통해 콘텐츠 소비자의 선호도를 알 수 있고 데이터 분석을 통해 소비자 이해를 증진시킬 수 있다. 이것은 사업자의 매출 증대에 공헌하다.

아마존 매출의 3분의 1은 추천목록과 개인 맞춤 시스템에서 나오며 넷플릭스는 신규 콘텐츠 소비의 4분의 3이 추천목록에서 발생한다고 한다. 이러한 현상은 콘텐츠 사업자와 소비자의 관계에 대한 패러다임을 바꾸게 했다. 사용자 데이터 분석을 통해 소비자에게 적합한 콘텐츠 추천 시스템을 확장하고, 개개인에게 최적화된 스토리텔

4차 산업혁명 시대에는 사물이 네트워크로 연결되고 데이터 분석으로 이용자의 패턴을 파악하고 행동을 예측하게 된다.

링을 체험하게 하는 것은 소비자 중심의 콘텐츠 생태계로의 진화라고 볼 수 있다. 다시 말해 콘텐츠의 생산이 사업자의 직관에 의해 이루어지는 것이 아니라 철저히 소비자 중심으로 콘텐츠가 기획된다. 어떤 배우를 활용해 어떤 스토리텔링으로 영화를 만들지, 어떤 분위기와 패턴의 음악이 시장에서 반응을 얻을지, 사용자들의 트렌드와 소비 결정을 분석해 콘텐츠에 대한 종합적인 전략을 수립하게 된다.

아울러 사용자들이 직접 콘텐츠를 가공하고 공유하고 유통하는 경험은 주목할 만하다. 소셜 미디어에서 사용자들 간에 사회적 관계가 만들어지면 콘텐츠의 공유와 평가를 통해 집단적 큐레이션도 가능해진다. 더욱이 소수 취향의 니치 콘텐츠는 사용자 간 공감대 형성과 동질성 인식이 크기 때문에 네트워크 효과가 훨씬 크게 나타나고 있다. 이제 콘텐츠 소비와 생산의 모든 영역이 데이터에 기반을 두고 유기적으로 움직이는 새로운 패러다임의 콘텐츠 산업이 태동하고 있는 것이다. 데이터의 조합을 기반으로 개인화된 콘텐츠 서비스가 시작되고 있는 것이다. 이것을 빼고 콘텐츠 혁명을 말하기 어렵다.

4차 산업혁명 시대에는 사물이 네트워크로 연결되고 데이터 분석으로 이용자의 패턴을 파악하고 행동을 예측하게 된다. 빠르게 변화하는 소비 경향과 시장 흐름에 민첩하게 대응할 수 있는 새로운 정보 관리 체계는 데이터로부터 출발한다. 소셜 미디어를 비롯한 다양한 플랫폼을 통해 소비자 정보와 관심 요소가 전방위적으로 수집되어 데이터화되고 이를 통해 콘텐츠가 만들어지게 된다. 이 과정에서 데이터는 보다 소비자 친화적인 콘텐츠를 만들기 위한 의사결정에 중요한 판단 기준을 적시에 제공한다. 우리는 데이터를 통해 보다 정교하게 콘텐츠를 제작하고 유통하게 될 것이다. 승부는 디테일에서 이루어진다.

빅데이터의 분석으로 적절하고 유용한 정보, 즉 디테일한 소비자 취향과 필요에 맞춤화된 콘텐츠를 제공할 수 있다. 특히 음악, 영상, 그리고 게임과 같이 여러 분야에서 소비자에게 더 큰 인기를 얻을 매력적인 콘텐츠를 기획하고 제작하는 데 활용할 수 있다. 이것은 콘텐츠의 비즈니스 기회 및 경제적 가치를 창출하고 미래 예측을 위한 통찰에 활용되며 콘텐츠를 통한 사회적 공감대 확산에도 긍정적으로 작용할 것이다. 콘텐츠는 인간의 생활을 포괄하는 데이터의 상위 개념이며 모든 경험의 산물이다. 콘텐츠의 새로운 가치를 창출한다는 것은 데이터피케이션을 통해 데이터를 가공하고 분석해 패턴을 이해하고 새로운 통찰과 결론을 얻어 이를 통해 최적의 콘텐츠를 생산하고 유통하는 것이다.

결국 데이터가 주도하는 콘텐츠 혁명은 빅데이터가 콘텐츠에 접목되어 창작과 아이디어의 원천으로써 활용되어 콘텐츠 가치를 높이는 것과 아울러 데이터를 통해 콘텐츠를 만들고 유통하여 생산성을 높이는 것을 의미한다. 빅데이터 시대에 콘텐츠의 가장 중요한 핵심은 데이터이다. 이제 콘텐츠 산업의 패러다임은 생산자 중심에서 소비자 중심으로, 전문가 중심에서 데이터 중심으로 바뀌었다.

3
데이터 주도 콘텐츠 전략

데이터 저널리즘

저널리즘은 미디어를 통해 공공의 사실을 보도하고 논평하는 활동을 말하는데 당연히 그 중심은 뉴스의 생산과 유통에 있다. 뉴스는 일반적으로 '새로운 소식과 내용을 담은 정보'라고 정의할 수 있다. 전통적으로 정치, 경제, 사회 각 분야의 소식 이외에도 날씨나 스포츠, 연예, 상품 정보 같은 개인의 기호를 반영해 생활에 밀접한 정보들도 주요한 뉴스로서 여겨지고 있다.

그렇지만 미디어 환경이 급변하는 지금에서는 뉴스의 의미와 내용이 뚜렷이 증폭되고 있다. 즉 새로운 소식과 관련된 의견과 정보뿐만 아니라 소비자가 '공감'해 소비할 수 있는 모든 트렌드와 정보도 뉴스로서의 가치를 지닌다. 친구가 추천한 정치 사회적인 의견이 곧

데이터 저널리즘은 빅데이터를 수집해 숨겨진 의미를 찾아내고 그 데이터에서 뽑아낸 통찰력을 바탕으로 뉴스를 생산하고 유통하는 것을 말한다.

뉴스가 된다. 따라서 이를 포괄하자면 단순히 '뉴스'라고 하기보다는 '뉴스 콘텐츠'라고 확장해서 이해하는 것이 바람직해 보인다.

또한 쇼핑, 꿀팁 정보, 유행어와 신조어, 연예계의 뒷담화, 우스갯소리와 유머 동영상 등 현재 회자되는 모든 이슈가 '뉴스화'되고 있다. 이런 점에서 '뉴스 콘텐츠'는 전통적인 뉴스의 '아직 알려지지 않은 소식의 보도'라기보다는 '이용자가 뉴스를 소비하는 행위에 방점을 두고 그 소비의 내용이 되는 정보 콘텐츠'로서 이해하는 것이 자연스러울 것 같다. 즉 '뉴스 콘텐츠'는 '미디어를 매개로 하는 보도'의 내용에 절대 제한되지 않는다. 우리 사회의 현상과 관심을 드러내는 모든 것들이 뉴스 콘텐츠이다.

데이터 저널리즘은 빅데이터를 수집해 숨겨진 의미를 찾아내고 그 데이터에서 뽑아낸 통찰력을 바탕으로 뉴스를 생산하고 유통하는 것을 말한다. 뉴스 기사를 작성할 때 개인의 주관적인 판단은 배제하고 그 기사와 관련된 다양한 데이터를 수집해 이를 기반으로 뉴스를 작성한다. 따라서 객관적이고 정확하며 고품질의 뉴스 기사 작성이 가능하다. 데이터 저널리즘은 컴퓨터를 활용한 보도computer assisted reporting와 정밀 저널리즘precision journalism을 토대로 한 것이다. 데이터 저널리즘과 기존 저널리즘의 차별성은 독자 우선, 정확한 정보, 이용자의 데이터 접근 보장 등 이용자 중시라는 개념이다. 따라서 데이터 저널리즘의 핵심 중 하나는 데이터 뉴스와 함께 분석에 이용한 데이터를 뉴스 이용자에게 제공하는 공유의 정신이다. 이러한 의미에서 오랜 세월 동안 수집되고 축적된 뉴스 데이터베이스는 모든 사람이 함께 공유해야 할 고품질의 빅데이터이며 사회적 자산이다. 뉴스 기사를 제대로 이해하기 위해서 그 배경이나 관련 지식을 직관적이고 즉각적으로 확보하는 데이터에 대한 접근성이 중요하다.

OTT 서비스를 통하여 미디어의 양방향 커뮤니케이션 환경이 도래하면서 이용자들은 단순히 뉴스를 제공받는 소비자 역할에서 뉴스를 생산해내는 생산자의 역할도 함께할 수 있게 되었다. 또한 뉴스의 전달과 확산을 친구들과의 공유라는 형식으로 개인들이 '유통자의 역할'도 아울러 행사하게 됨은 이미 주지한 사실이다. 시민 각자의 관심사와 의견에 따라 뉴스의 생산과 유통에 대한 경험을 갖게 됨으로써 뉴스 콘텐츠에 대한 정치 사회적인 함의 또한 달라질 수밖에 없는 것은 필연적이다.

데이터 저널리즘에서 이용자는 단순한 뉴스의 수용자가 아니라 적극적인 참여자가 된다. 따라서 데이터 뉴스를 제작할 때 이용자의 관심과 참여를 핵심동력으로 삼아야 데이터 뉴스의 가치가 높아진다. 데이터 저널리즘의 출발점인 데이터 수집 단계에 이용자의 참여를 유도하고 데이터 분석과 시각화 등 제작 과정 전반에 소비자의 의견을 반영할 수 있어 언론 매체와 소비자 사이의 간격을 좁히는 데 기여한다. 뉴스에 대한 수용자들의 신뢰도나 몰입도가 떨어지는 와중에 데이터 주도 저널리즘은 뉴스 콘텐츠에 대한 소비자의 관심을 유도하고 참여를 독려한다. 데이터 저널리즘은 기자가 직접 데이터를 수집, 분석, 가공하기 때문에 이른바 받아쓰기 저널리즘의 폐해를 방지하고 심층적이고 객관적인 탐사보도를 할 수 있기 때문이다.

데이터 저널리즘의 고민은 데이터의 비정형성이다. 뉴스 기사는 자유로운 언어 형식으로 저장된 텍스트, 이미지, 동영상 정보이기 때문이다. 이러한 어려움을 극복하기 위해 비정형 텍스트 정보를 정형 정보로 변환하는 '정보 추출information extraction'과 '텍스트 마이닝text mining'이 관건이다. 정보 추출은 특정 뉴스 기사의 내용을 이끌어가는 핵심적인 문구를 추출하고 핵심어 간의 의미적 연관 관계를 추정하는 것이다. 텍스트 마이닝은 인명이나 지명 등 주요 개체들을 자동으로 발견하고 식별하는 기술이다. 이렇게 하여 해당 뉴스 기사는 더 이상 비정형 데이터가 아니라 정형 데이터가 되며 여기에 자동 요약 서비스와 더불어 독자의 오피니언을 추가해 앞으로 다양한 분석, 추론, 예측이 가능한 데이터피케이션을 실행하는 것이다.

데이터 뉴스는 시각화를 활용해 정보를 압축적으로 제작하는 등 새로운 유형의 뉴스 제작 기법을 바탕으로 정보에 충실한 내용을 담

『내러티브 사이언스』의 크리스 해먼드는 15년 뒤에는 전체 기사의 90% 이상이 로봇에 의해 작성될 것으로 전망했다.

고 맥락을 제시하며 관련 자료 링크를 제공하는 콘텐츠다. 데이터 시각화는 그림이나 그래프를 이용해 데이터를 이해하려는 시도이다. 데이터 뉴스는 시각화에서 그 빛을 발한다. 일반적으로 그림, 그래프 인포그래픽, 표 등은 복잡한 데이터를 한눈에 이해하기 쉽게 도와주기 때문이다. 따라서 데이터 뉴스는 텍스트 중심의 기사와는 달리 뉴스 현안의 파악에 도움되는 정보, 설명, 해석 등을 시각화해 입체적으로 제시하는 것이 매우 중요하다.

뉴스는 내러티브를 갖는 텍스트 또는 영상으로서 인공지능 알고리즘을 이용한 자동 뉴스 기사 생성이 가장 활발하게 시도되는 영역이다. 텍스트 분야에서는 이미 2010년부터 자동기사 작성 알고리즘 또는 알고리즘을 이용한 기사 작성 플랫폼이 등장했다. 구글이 선정한 미래학자 토머스 프레이Thomas Frey는 컴퓨터 알고리즘과 로봇의 발전으로 20년 후에는 기자라는 직업이 사라질 것이라고 했다. 또 로봇이 쓴 기사를 판매하는 내러티브 사이언스Narrative Science 최고기술책임자CTO 크리스 해먼드Kris Hammond는 5년 내 로봇이 쓴 기사가 퓰리처상을 탈 것이며 15년 뒤에는 전체 기사의 90% 이상이 로봇에 의해 작성될 것으로 전망했다.

데이터 시각화와 스토리텔링

엄청난 양의 데이터가 수집되다 보니 분석해서 정보를 얻는다 하더라도 쉽게 이해하기는 쉽지 않다. 빅데이터의 대부분이 시공간적으로 광범위하고 데이터 간의 관계가 비정형적이다 보니 데이터를 찾다 보면 수많은 정보가 조각조각 나열되어 있어 한꺼번에 통찰하기가 어렵다. 그래서 등장한 것이 데이터 시각화와 스토리텔링이다. 시각화는 텍스트나 숫자로 구성된 정보를 이미지로 변환해 사용자가 효과적으로 이해할 수 있도록 하는 것을 말한다.

콘텐츠가 딱딱한 텍스트나 어려운 전문 용어로 되어 있다면 평범한 일상의 용어로 번역하고 복잡한 데이터를 이해하기 쉽고 편하게 볼 수 있도록 다이어그램이나 표로 바꾸는 것도 같은 맥락이다. 즉 데이터 시각화는 우리가 정보를 처리하고 이해하는 능력을 제고하여 콘텐츠를 소비하는 경험을 최적화하는 것이다. 일반적으로는 텍스트 정보를 이미지화하는 것을 시각화로 생각하면 무리가 없다. 데

콘텐츠를 더욱 가치 있게 만들기 위해서는 직관적이고 이해하기 쉬우면서도 정확한 인포그래픽이 필요하다.

이터는 그 분석한 결과를 우리가 인지능력으로 이해할 수 있어야 비로소 의미가 있다. 시각화는 우리가 데이터를 분석하는 능력을 확장시켜서 정보를 직관적으로 또 효과적으로 이해하게 한다. 모바일 시대에 데이터 시각화는 선택이 아니라 필수다. 콘텐츠를 더욱 가치 있게 만들기 위해서는 직관적이고 이해하기 쉬우면서도 정확한 인포그래픽이 필요하다.

스토리텔링은 '이야기'를 통해 단편적인 정보를 하나로 꿰어 전체적인 맥락을 이해하는 데 도움을 주는 것이다. 스토리는 어떤 사실이나 현상에 대해 일정한 줄거리를 가지고 하는 말을 뜻한다. 넓은 의미로는 의사소통을 전제로 하는 모든 표현을 스토리라고 할 수 있다. 미국의 시인 뮤리엘 루카이저Muriel Rukeyser는 "우주는 원자가 아니라 스토리로 구성되어 있다."라고 했다. 스토리, 즉 이야기가 모든 세상사世上事의 중심을 이루고 있다는 뜻이다. 실제 이야기는 모든 콘텐츠

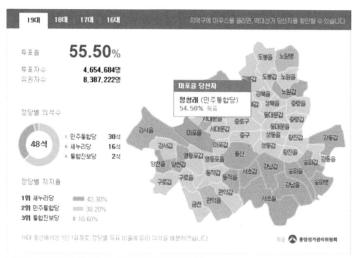

데이터 시각화의 예 (출처: 중앙선거관리위원회)

의 중심 매개다. 이야기는 모든 콘텐츠의 뿌리가 되는 원천 소스인 것이다.

'호모 나랜스Homo Narrans'라는 말은 '이야기하는 사람'이라는 뜻이다. 미국의 영문학자 존 닐John Niels은 저서 『호모 나랜스』에서 인간은 태생적으로 이야기하려는 본능을 가지며 이야기를 주고받지 않고서는 살아갈 수 없고 이야기를 통해 사회를 이해한다고 설명했다. 특히 디지털 시대에도 인간은 본능적으로 이야기를 통해 소통하고 싶어 한다는 것이다. 따라서 디지털 시대에도 성공적인 콘텐츠는 매력적인 이야기에서 나온다는 것을 부연할 필요가 없다. 이미지도 중요하고 기법도 중요하지만 중요한 것은 이야기고 감동이다.

감동은 지역, 종교, 인종을 뛰어넘어 전 인류가 소통하고 공감할 수 있는 인류 공통의 휴머니즘과 감성에 호소하게 될 때 솟아난다.

이야기가 튼실해야 생명력이 있다. 콘텐츠로서 '이야기'의 경쟁력은 소비자가 그것을 수용할 때 재미있고, 새롭고, 흥겨우며, 지겹지 않아야 한다. 이야기 없이 소재나 스타에만 의존하는 콘텐츠는 위험하다. 스타보다 중요한 것은 내러티브narrative이다. 콘텐츠가 많은 사람에게 공유되고 확장되는 것을 겨냥하고 있다면 더욱더 사람들의 보편적 감정을 자극해야 공감을 얻을 수 있고 콘텐츠로서 시장성을 확보한다.

이야기는 스토리텔링을 기획하는 원천이다. 스토리텔링은 이야기를 말하는 사람, 즉 창작자와 이야기를 듣고 상상력을 발휘하는 소비자와의 교감이다. 창작자가 의도하는 이성적, 감성적 반응을 이끌어내기 위해 인물, 배경, 그리고 사건들을 촘촘하게 배열해서 만들어낸 줄거리이다. 스토리텔링을 위해서는 이야기의 원천 재료를 채집하는 것이 필요하다. 데이터가 필요한 이유이다. 우선 어떤 콘텐츠를 만드느냐를 결정하고 어떤 데이터가 있는지를 점검해야 한다. 스토리텔링의 시작은 실제로 데이터를 찾는 데서 출발한다. 설문조사는 가장 기본적인 데이터 추출 방법이다.

소비자가 어떤 콘텐츠를 필요로 할 것인가, 어떤 콘텐츠를 원할 것인가를 우선적으로 파악하는 것이 중요하다. 관련 데이터가 확보된다면 스토리텔링의 많은 부분이 기술적으로 보완될 수 있다. 데이터를 통해서 어떤 이야기를 어떻게 해야 할 것인가를 결정하고 관련 자료(이것 역시 데이터이다)를 수집하는 기반에서 스토리텔링이 이루어져야 한다. 예를 들어 한국사회의 양극화 현상을 이야기하고자 한다면 소득 양극화, 빈곤율 추이, 아파트와 같은 부동 자산 양극화 현상을 데이터로 우선 팩트 체크해야 할 것이다. 물론 중산층 규모 추정이나 교육, 직업의 공간적 분절, 계층별 소비 양식 등 명료하게 데이터화하기 어려운 부분이 많이 있을 수 있지만 패턴 중심으로 파악한다면 충분히 하고자 하는 이야기의 원천 재료로 사용할 수 있다.

관련된 인사이트를 찾기 위해 가용한 데이터를 탐색하는 것이다. 신뢰할 만한 데이터를 모으는 것이 우선이다. 개별 데이터의 생성 이유도 중요하지만 어떤 콘텍스트에서 데이터가 생성됐는지를 고민하고 전체적인 흐름 속에서 데이터의 의미를 파악해 콘텐츠에 담아내는 것이 중요하다. 양질의 데이터는 소비자의 흥미와 경험에 대한 반응을 예측하게 한다. 양질의 데이터에서 소비자에 최적화된 스토리텔링이 생산되는 것이다. 좋은 스토리텔링은 섬세한 내용과 서사적인 경험을 제공하되 맥락 중심으로 이야기를 제공해 소비자가 보다 쉽고 재미있게 콘텐츠 서비스를 즐기게 해주어야 하기 때문이다. 데이터에 의한 콘텐츠 최적화는 양질의 데이터를 수집해 정제하고 가공하며 또 분석해 스스로 가치 있는 이야기를 할 수 있게 하는 전략이다. 데이터 시각화와 스토리텔링은 우리가 데이터를 쉽게 이해하게 해줄 뿐만 아니라 이 과정에서 새로운 시각과 발견을 제공해주는 콘텐츠 혁명 시대의 필수 전략이다.

구글과 아마존의 데이터 활용

현대인은 검색의 시대에 살고 있다. 구글은 검색 서비스를 제공하는 대표적인 기업이다. 오죽하면 '구글링'이 검색을 의미하는 보편적인 표현으로 자리잡았을까. 무얼 먹을까 고민이 되면 구글하면 된다. 친구 집에 가는 길을 어떻게 찾아야 할지도 구글하면 된다. 숙제하는 데도 구글하고 값싼 항공권이나 호텔을 찾을 때도 구글하면 된다. 넥타이 매는 법도 파스타 만드는 레시피도 구글하면 된다. 모든 것은 구글하면 답이 나온다. 그런데 구글링은 데이터를 통해 정보를 찾는 것이지만 동시에 나의 데이터를 구글에 제공하는 행위이기도 하다. 구글은 2009년 이후 검색결과에 대한 개인화 서비스를 하고 있다. 즉 검색결과를 노출할 때 검색을 시도하는 사용자의 개인정보를 활용하여 개인에게 가장 적절한 검색 결과를 적용한다는 것이다. 사용자들이 필요해 의해 검색하지만 실제로는 개인의 취향을 노출하는 매우 유효한 데이터를 제공하는 것이기도 하다.

필자가 구글에 '일본'을 검색하면 항공권이나 호텔 추천뿐만 아니라 여행자 보험과 해외 로밍 추천 문자를 받을 수도 있다. 아마도 여행을 좋아하는 필자의 정보가 그동안 입력한 검색 키워드나 소셜 미디어의 포스팅 등을 통해 데이터로서 수집되어 있기 때문일 것이다. 아마도 필자가 아닌 다른 사람에게는 전혀 다른 검색값을 제공할 것이다. 우리는 컴퓨터를 사용하면서 방대한 양의 디지털 지문을 남기기 때문이다. 구글은 이것을 수집하여 대부분의 수익을 창출한다.

구글의 플랫폼은 빅데이터 기술의 집합체라고 할 수 있다. 구글은 이렇게 데이터를 모으고 또 이를 해석하기 위한 데이터 분석 솔루션을 개발하는 데 공을 들였다. 구글은 독감 증상이 있는 사람들이 늘어나면 관련 주제어를 검색하는 빈도도 함께 늘어난다는 사실을 발

구글링은 데이터를 통해 정보를 찾는 것이지만 동시에 나의 데이터를 구글에 제공하는 행위이기도 하다.

견하고 시간별 지역별 검색 기반 독감 유행 정보를 구글 사이트를 통해 제공했다. 구글이 세상에서 가장 영향력이 큰 기업의 하나로 자리잡은 것은 바로 이렇게 데이터를 수집하고 활용하는 능력에 있는 것이다.

구글 데이터 센터는 지금 이 순간에도 전 세계 이용자들의 정보를 기록해 데이터를 축적하고 있다. 구글은 하루 평균 약 35억 건의 데이터를 처리하고 10엑사바이트(100억 기가바이트)의 데이터를 저장한다고 한다. 데이터를 빠른 속도로 더 많이 확보할수록 더 많은 부가가치가 창출된다. 구글은 웹페이지 링크 분석에 기반한 페이지 알고리즘을 사용하여 매일 1조가 넘은 웹페이지를 분석하기 위해 그래프 연산을 수행한다. 아울러 구글은 세계 최고 수준의 인공지능 기술

2009년 구글 독감 트렌드

구글은 미국 질병통제예방센터보다 2주나 빨리 독감을 예측했다.

을 기반으로 IT뿐 아니라 의료, 교육, 환경 등 다양한 분야에서 활약하고 있다. 구글 렌즈, 구글 포토, 구글 지도뿐만 아니라 G메일과 구글 번역 등 우리 일상의 많은 부분에서 영향을 미치는 생활 서비스 영역에서 인공지능을 적용하고 있다. 그 중심에는 데이터가 있다.

인공지능 기술을 좌우하는 것도 결국 알고리즘에 적용할 데이터의 절대량이다. 이런 점에서 데이터의 최강자 구글의 입지는 독보적이다. 그렇지만 우려되는 지점은 구글의 데이터 독점 혹은 과점이다. 방대한 규모의 데이터를 처리하고 다루는 일을 아무나 할 수는 없다. 사용자는 더 편리한 검색과 데이터 서비스를 원하게 되고 그럴수록 더 많은 데이터를 제공하게 된다. 구글은 자연스레 더욱 많은 데이터를 확보하며 이를 바탕으로 소비자에게 더욱 밀착된 서비스를 만들어 사용자를 계속적으로 구글의 신민으로 묶어둘 수 있다. 이 실타래를 풀기가 쉽지 않다.

구글이 제시하는 검색 결과는 광고주들의 마케팅 목표와 일치한다. 우리는 여기에서 구글의 검색 정보는 개인화 데이터를 활용하여 의도된 검색 결과를 노출하여 광고 수입을 추구하는 것이라고 볼 수 있다. 구글의 경쟁력은 검색 결과와 관련성 있는 광고만 노출시키는 뛰어난 광고 전략과 이를 지원하는 데이터 역량이다. 구글은 광고 노출 방식을 결정하면서 검색 키워드에 대하여 단순히 CPC(클릭당 단가) 높은 광고를 게재하는 것이 아니라 사용자가 검색한 결과와 관련성이 높은 광고에 가중치를 두는 전략을 선택했다. 이는 경쟁사보다 훨씬 많은 데이터 정보를 가진 구글의 특장점을 살린 전략이었고 그 결과 세계 최고의 IT 기업으로 자리잡을 수 있게 되었다.

아마존은 세계 최대 규모의 전자상거래 IT 기업이다. 아마존의 성공은 무엇보다 데이터에 기반을 둔 효율적인 개인 맞춤형 추천 서비스에서 비롯되었다. 아마존은 자사 온라인 쇼핑몰에서 일어나는 모든 고객의 원천 정보와 쇼핑 관련 정보를 수집했다. 이 데이터를 근거로 소비자들이 원하는 정보를 단번에 찾아주고 딱 맞는 상품을 추천하는 큐레이션 서비스를 제공하고자 한 것이다. 이 과정에서 아마존이 선택한 협업적 필터링Collaborative Filtering 방식이 주목할 만하다. 협업적 필터링이란 "이 상품을 구입한 사람은 다음의 상품도 구입했다."라며 상품을 추천하는 방식을 말한다. 그때까지 일반적으로 활용되는 추천 방식은 사용자 기반의 협업적 필터링이었다. 즉 A와 비슷한 성향의 B에게 A가 구매했지만 B는 아직 구매하진 않은 책을 추천하는 것이다.

그렇지만 사용자 기반의 필터링은 공통점을 이끌어내기는 쉽지 않다는 문제점이 있다. 예를 들면 대부분의 사람들은 블록버스터 영화를 자주 본다. 이럴 경우 추천의 결과가 모든 사용자에게 동일한 값을 제공할 확률이 높다. 이는 추천에 대해 무의미한 결과를 가져오기 십상이다. 아마존은 사용자 기반에서 상품 기반의 협업적 필터링으로 바꾸었다. 이것은 사람들 간의 비슷한 성향에서 계산하는 대신에 상품 간의 유사성을 계산한다. 즉 "A 상품을 산 사람과 B 상품을 산 사람이 많이 겹치면 A와 B는 유사한 상품이다."라는 규칙을 만들어 내는 것이다.

아마존은 유사 상품을 분류해놓고 한 상품을 구매한 소비자에게 유사한 상품을 추천 목록으로 제시했다. 이러한 방식은 상품의 데이터가 누적될수록 추천의 정확도를 높일 수 있다. 이러한 방식이 바로 아마존의 상업적인 성공의 기반이 됐다. 웹 페이지 캐시를 활용해 사용자가 과거에 살펴봤던 제품을 리스트 형태로 다시 보여주는 서비스를 온라인 마켓에서 최초로 제공했는데 매우 성공적이었다. 이를 통해 사용자들이 구매를 망설인 제품을 결국에는 실제로 구매하도록 유도하는 효과를 거두었기 때문이다.

아마존의 창업자 제프 베조스Jeff Bezos는 데이터에 기반을 둔 개개인 구매 선호에 맞추어 상품을 추천하는 시스템과 아울러 예측 모델을 만드는 데 힘을 기울였다. 아마존은 고객들이 어떤 책을 샀는지에 대한 과거 데이터를 활용하여 소비자들의 미래 구입 예측 모델을 만든 것이다. 여기에 인공지능 기술을 접목하면서 수요 예측마저 가능해졌다. 수집된 데이터를 분석해 고객의 쇼핑 패턴을 알아내고 고객이 원하는 상품을 예측하여 물류를 조정하고 준비해놓음으로써 배

아마존의 창업자 제프 베조스는 데이터에 기반을 둔 상품 추천 시스템과 구입 예측 모델을 만들었다.

송 시간과 물류에 소비되는 비용을 획기적으로 줄였다. 이것이 아마존이 온라인 유통시장을 석권한 비결인 것이다.

도서 구매 정보의 예를 들자면 아마존은 킨들에 쌓이는 밑줄 정보나 독서 멈춤 지점 정보 등 전자책 읽기 관련 데이터를 수집하여 독자 맞춤형 도서를 제공하였다. 향후 고객이 읽을 것으로 예상되는 책을 추천하면서 할인 쿠폰을 지급하는 상술도 기민했다. 아울러 향후 해당 작가의 차기 저술 활동에 방향성을 제공했다. 이러한 아마존의 개인화 서비스는 물론 더 많은 구매를 유도하기 위한 장치이며 그 바탕은 데이터를 통해 수집한 개인의 취향 분석인 것이다. 빅데이터는 그저 데이터를 많이 모았다고만 해서 가치를 갖는 것은 아니다. 해당 데이터를 분석해 미래를 예측하고 새로운 상품 혹은 서비스를

아마존은 2014년에 자체 개발한 인공지능 음성비서인 '알렉사'를 탑재한 음성인식 인공지능 스피커인 '아마존 에코'를 출시했다.

발굴해내야 비로소 가치를 가진다. 아마존이 온라인 쇼핑몰에서 사용자의 구매패턴은 물론 특정 상품에 체류했던 시간까지 고객의 니즈를 분석하기 위한 수단으로 사용해 향후 구매를 예상한 것은 데이터의 경제적 가치를 제대로 이해하고 활용한 좋은 사례다.

데이터 활용과 관련해서 주목할 만한 아마존의 사업 영역 확장은 음성 사물인터넷 분야다. 아마존은 '에코'를 처음 선보인 2014년부터 꾸준하게 스마트 홈 구축을 시도하고 있다. 에코는 아마존이 개발한 스마트 스피커로서 '알렉사Alexa'라는 이름에 반응하는 클라우드 기반 음성 인식 및 명령 서비스다. 가정에서 에코 스피커를 두고 "알렉사, 경쾌한 음악 틀어줘." 하면 음악 서비스를 제공하고 "알렉사, 오늘 날씨는 어때?" 하고 물어보면 날씨 정보를 알려주는 식이다.

최근 국내에서도 통신사들의 인공지능 서비스를 통해 이미 익숙한 소비자들도 많은 스마트홈 서비스의 일종이다. 음성인식 기술의 발달과 더불어 빅데이터를 기반으로 학습이 가능한 인공지능은 똑똑한 비서 역할을 제공한다. 음악이나 날씨뿐 아니라 알람, 교통 정보, 네비게이션 기능, 뉴스 제공, 스케줄 관리 등을 실시간으로 제공한다. 또한 가정의 여러 사물인터넷 장치를 통제하는 스마트홈의 허브 역할을 할 수 있다. 이러한 인공지능 서비스는 데이터 활용에 그 기반을 두고 있으며 미래 지향적인 서비스로 향후에도 아마존의 지속적인 성장을 견인하게 될 것이다.

4
넷플릭스 효과

넷플릭스는 글로벌 스트리밍 서비스 사업자이다. 시장조사업체 샌드바인에 따르면 북미 시장 전체 인터넷 대역폭의 3분의 1을 넷플릭스가 쓰고 있으며 2위인 유튜브의 2배 가까운 이용시간을 넷플릭스가 차지하고 있다고 한다. 넷플릭스는 중국, 북한 등 몇몇 나라만을 빼고서 거의 전세계에서 서비스를 제공하고 있으며 유료 회원 수는 약 1억 3,000만 명, 하루 콘텐츠 소비량은 1억 4,000만 시간, 시가총액 1,530억 달러(165조 원)로 명실상부 세계 최대의 콘텐츠 제공 플랫폼이다. 수많은 OTT 서비스 사업자 가운데 넷플릭스에 대해 별도로 언급하는 것은 단지 가입자와 매출액이 세계 최다와 최고라는 것 이외에도 넷플릭스가 가져온 미디어 생태계의 변화가 의미심장하기 때문이다.

많은 사람들이 알다시피 넷플릭스의 첫 출발은 DVD 사업이었다.

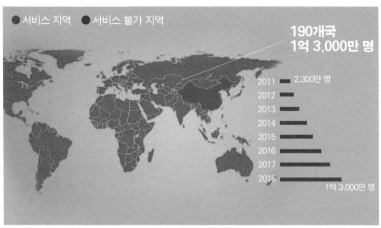

1억 3,000만 명의 구독자를 보유한 넷플릭스의 서비스 가능 지역

넷플릭스는 1997년에 리드 헤이스팅스가 DVD 대여 사업체로 설립했다. 당시 미국의 DVD 대여 사업은 전국적인 체인망을 가진 사업체인 블록버스터가 장악하고 있었다. 리드 헤이스팅스는 DVD를 대여할 때 소비자들이 직접 매장을 들르는 것보다 집에서 주문하고 배송받는 것을 편하게 생각한다는 점에 착안해 우편 배송 방식을 도입했다. 또한 소비자 입장에서 생각하면 DVD 대여에 돈을 쓰는 것은 괜찮지만 연체료에 돈을 쓰는 것은 왠지 무척 아깝다는 것을 고려해 아예 연체료를 폐지했다.

또한 넷플릭스는 2007년부터 온라인 DVD 대여 서비스를 도입했다. 이것은 영화와 TV 프로그램을 집에서 시청할 수 있게끔 스트리밍 방식의 서비스를 제공하는 것이었다. 단순 DVD 대여업에서 OTT 서비스 사업자로서의 변신이었다. 결과적으로 넷플릭스는 오프라인의 DVD 우편 배송 방식과 온라인의 스트리밍 서비스를 결합해 매출

액과 수익을 많이 증가시켰다. 특히 2010년 7월에 무제한 스트리밍 서비스를 유선 케이블 TV보다 훨씬 싼 가격에 출시한 것을 계기로 넷플릭스의 가입자 수는 크게 늘었다. 반면 기존의 DVD 대여 방식을 그대로 고수했던 세계 1위의 사업자 블록버스터는 시장 경쟁에서 밀려났고 결국에는 파산하게 되었다.

치열한 시장 쟁탈전을 통해 경쟁 사업자를 도태시키고 규모의 경제를 실현하여 지배적인 플랫폼이 되고자 하는 노력은 어쩌면 모든 사업자의 생존 논리이다. 넷플릭스의 성공도 시장 경쟁의 산물이지만 기업의 성공과 실패 여부를 떠나 넷플릭스는 콘텐츠 시장에 오랫동안 지배적이었던 사고와 인식체계를 전환하는 효과가 있었다. 이것을 넷플릭스 효과Netflix Effect라고 부른다. 넷플릭스 효과의 핵심은 소비자 중심의 혁신에 있다. 즉 '소비자의 선택권을 중심에 둔 투자가 성공한다'는 것이다. 초연결 사회에서는 콘텐츠의 생산, 유통, 그리고 소비에도 본질적인 변화가 찾아온다. 심화된 연결을 기반으로 하여 생활과 삶에 대한 인간의 욕구를 보다 소비자 중심으로 개편할 수 있기 때문이다.

대표적인 예가 바로 빅데이터를 이용한 콘텐츠 큐레이션이다. 넷플릭스는 빅데이터를 이용해 소비자의 개인적 취향을 존중하고 반영하는 '추천 알고리즘'을 개발했다. 개인별 콘텐츠 클릭 이력, 대여 목록, 평가 점수 등 가입자 취향을 자세히 분석해 데이터화했고 사용자들에게 콘텐츠를 추천할 때 활용했다. 예를 들어 「로마의 휴일」을 좋아한 사람은 오드리 헵번이 주연하여 비슷한 종류라고 볼 수 있는 「티파니에서의 아침을」도 좋아하리라는 것이다. 소비자 데이터에 기반을 두고 고객 개인마다 취향을 분석해 영화를 추천하는 서비스이다.

넷플릭스를 성공으로 이끈 추천 알고리즘은 콘텐츠를 소비하고 나면 '당신이 좋아할 것으로 생각되는 영화'를 추천해주는데 전체 매출의 3분의 2가 추천 콘텐츠에서 발생한다고 한다. 이를 위해 넷플릭스는 콘텐츠마다 수많은 메타데이터를 태깅하여 입력하고 이를 기반으로 수만 개의 다양한 장르를 만들어 운용하고 있을 뿐 아니라 끊임없이 추천 알고리즘 개선에 투자하여 정확성을 향상시켜 왔다. 넷플릭스의 「마블」 시청자 8명 중 1명은 〈마블 시리즈〉를 시청하기 전에 슈퍼히어로 장르를 경험해본 적이 없는 것으로 나타났다. 넷플릭스의 추천 알고리즘을 통해 자연스럽게 〈마블 시리즈〉를 소비하게 된 것이다.

넷플릭스 추천 알고리즘의 총괄 책임자인 토드 옐린Todd Yellin 부사장은 연령, 성별, 지역 등의 정보는 쓰레기통에 던져버려야 하는 무의미한 데이터라고 주장하면서 '고객의 행동 정보'가 중요하다고 강조했다. 즉 인구통계 데이터보다는 실시간으로 변화하는 사용자의 시청 이력에 따른 소비자 취향 정보가 더 소중하다는 것이다. 그는 "시청자와 콘텐츠를 딱 맞게 연결할 고리를 만들어내는 것이 알고리즘의 목표이다. 그들의 선호도와 시청 기록을 토대로 회원별 단 하나뿐인 콘텐츠 편성표를 제공할 수 있으며 이것이 가입자들의 엔터테인먼트 시청 경험과 만족을 극대화시킨다."시청 기록이 쌓일수록 당신이 다음에 좋아할 콘텐츠가 무엇일지를 더 정확히 파악할 수 있기 때문에 시청을 하면 할수록 당신의 취향에 더욱 적중하는 콘텐츠

넷플릭스의 대표적인 오리지널 콘텐츠 「하우스 오브 카드」 (출처: 넷플릭스)

를 추천받을 수 있다."라고 했다. 넷플릭스는 이처럼 알고리즘을 통해 소비자의 취향을 저격하는 맞춤형 콘텐츠를 제공하는 데이터 주도 전략으로 시장에서의 경쟁력을 쟁취해냈다.

넷플릭스는 콘텐츠 수급에서도 빅데이터 분석을 활용해 저작권 비용보다 잠재 매출액이 높을 때만 투자를 결정했다. 넷플릭스는 소비자의 선호도나 감성적인 부분이 매우 강조되는 콘텐츠 산업에서도 데이터를 기반으로 하는 전략이 필요하다는 것을 제대로 보여준 기업이다. 심지어는 소비자의 취향과 선택을 존중해 다중 결말 콘텐츠도 제작하고 있다. 즉 시청자가 원하는 대로 선택에 따라 전혀 다른 내용의 드라마가 전개되는 것이다. 이외에도 알고리즘을 통해 자동 생성되는 예고편과 소비자와 상호작용해 스토리텔링을 적용하는 기술 등도 모두 넷플릭스가 가진 데이터 역량의 결과다. 넷플릭스는 데이터를 근거로 하여 소비자가 가장 편리하게 콘텐츠를 소비할 수 있도록 서비스를 개발하여 제공했다. 그 결과 전 세계 최고의 콘텐츠 플랫폼이 되었다. 넷플릭스의 힘은 바로 소비자를 읽는 빅데이터 역량이다.

넷플릭스가 「하우스 오브 카드」에 거액을 투자한 결정도 시청 소비자 분석에 따라 서비스 이용자가 케빈 스페이시가 출연한 정치 드라마를 좋아하리란 것을 알았기 때문이다. 원래 「하우스 오브 카드」는 1990년대 영국 BBC의 드라마를 리메이크한 것이다. BBC 드라마를 선호하는 가입자들이 케빈 스페이시가 출연한 영화에 대한 시청 빈도가 높았다는 점을 고려한 것이다. 시청 소비자의 취향을 면밀히 분석한 캐스팅이 성공을 거둔 셈이다. 특히 관심을 두어야 할 부분은 넷플릭스가 「하우스 오브 카드」를 차례로 개봉하지 않았고 시리즈 13편 모두를 한꺼번에 내놓았다는 것이다.

그동안 대개 블록버스터 시리즈 드라마는 몇 주 혹은 몇 달 간에 걸쳐 차례로 한 편씩 제공했다. 시청자들의 기대 심리를 이용하여 최대한 많은 광고를 팔기 위함이었다. 하지만 넷플릭스는 광고를 수입 기반으로 하지 않기 때문에 시간을 두고 콘텐츠를 개봉할 필요가 없다. 넷플릭스는 시청자들이 재미난 드라마를 한꺼번에 몰아서 보고 싶어하는 것을 주목하고 그 기대를 채워준 것이었다. 넷플릭스 서비스 이용자들은 군이 '본방사수'할 필요도 없고 또 매번 다음 회를 기다릴 필요도 없어졌다. 평일에는 일상적으로 바쁘게 보내다가 여가 시간이 많은 주말에 한꺼번에 몰아서 드라마를 즐길 수 있게 되었다.

소비자의 니즈에 따른 시청 방식의 변화를 넷플릭스가 바로 서비스에 반영한 것이다. 넷플릭스는 '시리즈를 한꺼번에 개봉하기'라는 VOD 시대의 콘텐츠 개봉 방식을 주도했고 큰 성공을 거두었다. 콘

넷플릭스의 경쟁력은 콘텐츠 소싱에 막대한 비용을 투자해 양질의 콘텐츠를 확보한 데 있다.

텐츠 몰아보기인 '빈지 뷰잉'의 시청 패턴을 대중적으로 견인한 것이다. 잘 만들어진 콘텐츠를 좋은 화질로 제대로 된 번역 자막과 함께 즉시 스트리밍해서 볼 수 있는 기술적 성취는 넷플릭스의 장점이다. 시리즈 드라마는 각각의 에피소드가 끝날 무렵 엔딩 크레딧이 나오기 직전에 다음 에피소드를 계속해서 시청할 것인지를 묻고 바로 연결을 제공한다. 광고도 없어서 시간 낭비 없이 바로 다음 에피소드를 즐길 수 있게 했다. 미처 배가 부르다고 느끼기도 전에 먹음직한 다음 음식이 접시에 담겨 테이블에 제공되는 것이다.

넷플릭스는 콘텐츠 소싱에 막대한 비용을 투자해 양질의 콘텐츠를 확보했다. 애초 넷플릭스는 CBC, NBC 등 주요 지상파 방송사 및 미라맥스, 21세기폭스, 파라마운트, NBC 유니버설과 같은 영화사와 콘텐츠 공급 계약을 맺고 막대한 비용을 투자해 양질의 콘텐츠를 확보했다. 구독자를 모으려면 다양한 볼거리가 있어야 하기 때문이다. 풍성한 콘텐츠는 넷플릭스의 무제한 스트리밍 서비스를 굉장히 매력적으로 것으로 만들었으며 그 결과 승승장구하며 시장에서 두각을 나타내게 되었다. 기존의 레거시 미디어들은 넷플릭스의 급속한 시장 점유율 상승에 아연 긴장하게 되었고 자사의 킬러 콘텐츠는 공급하지 않기로 하는 등 노골적인 견제에 나섰다.

이에 넷플릭스는 경쟁력 있는 콘텐츠를 확보하기 위해 새로운 돌파구를 찾아야만 했다. 그것은 아예 콘텐츠를 직접 만드는 것이었다. 플랫폼 사업자의 콘텐츠 소싱에 혁명적인 변화를 넷플릭스가 일으킨 것이다. 이것은 기존의 지상파와 케이블 방송 사업자가 주도하던 콘텐츠 시장을 완전히 뒤흔드는 결정이었다. 「하우스 오브 카드」 「나르코스」 「마르코 폴로」 등은 넷플릭스에서 직접 제작한 대표적인 작품들이다. 「마르코 폴로」는 『동방견문록』의 저자 마르코 폴로의 일대기를 담은 10부작 드라마인데 편당 무려 100억 원을 들였다. 넷플릭스는 경쟁사와 차별화되는 독점 콘텐츠를 제공하기 위해 그동안 프로그램을 구입하여 틀어주던 방식에서 벗어나 킬러 콘텐츠인 블록버스트 대작을 직접 만들기로 한 것이다. 결과적으로 오리지널 콘텐츠는 넷플릭스의 찬란한 성공을 이끌었다. 넷플릭스 가입자의 45%는 넷플릭스 오리지널을 보기 위해 가입했다고 한다.

넷플릭스는 2018년에도 약 80억 달러(9조 원)를 투입해 700여 편의 자체 콘텐츠를 제작했다. 아울러 해외 시청자들을 공략하기 위해

넷플릭스가 한국에서 수백억 원을 투자해 제작한 드라마들

각 지역의 콘텐츠 사업자에 과감한 투자를 단행하여 해당 콘텐츠를 세계로 소개하고 현지 가입자들을 확보한다는 글로벌 전략을 추진하고 있다. 한국에서 만든 드라마 「미스터 션샤인」에는 300억 원을 투자했고 6부작 드라마 「킹덤」에는 100억 원을 쏟아부었다. 넷플릭스가 한국에서 만든 첫 예능 「범인은 바로 너」는 총 25개 언어로 번역돼 190개국에 서비스되었다. 단순히 자막뿐 아니라 영상 내 글자와 그래픽 등까지 모두 현지 언어로 번역해 제공하는 등 철저한 소비자 중심의 현지화가 넷플릭스의 특장점이다. 콘텐츠 사업의 승패는 결국은 소비자에게 제공하는 콘텐츠의 품질에 달려 있다는 것을 간파한 것이다.

　미국과 다른 나라들에서 거둔 넷플릭스의 성공이 우리나라에서도 적용될 것인가에 대해서는 의견이 분분하다. 하지만 분명한 것은 넷플릭스 효과가 이미 국내 시장에서도 발생했다는 것이다. 그것은 소비자 중심, 데이터 중심의 콘텐츠 유통 방식, 과거의 답습을 거부한 혁신에 있다. 넷플릭스는 애초 DVD 대여업에서 출발했지만 데이터에 기반을 두고 소비자 중심으로 진화하고 혁신에 나섰다. 그 결과 오늘날 세계에서 가장 영향력 있는 콘텐츠 서비스 제공 사업자가 된 것이다.

5

인공지능 콘텐츠

지능intelligence이란 인간이 합리적으로 사고하고 해결하는 인지적인 능력과 학습능력을 포함하는 총체적인 능력을 말한다. 그렇다면 인공지능이란 말 그대로 '인공적으로' 가공하여 만든 지능을 의미할 것이다. 인간 아닌 것이 인간처럼 생각하고 느끼며 인지능력과 학습능력을 보유한 것을 뜻한다. 인공지능이 초지능super-intelligence이라고 불리는 것은 인간과 기본적으로 비슷한 사고 특성이 있으면서도 더 많은 정보를 훨씬 빨리 처리하고 체계화해 보유할 수 있고 스스로 학습능력이 있기 때문이다.

이세돌을 이긴 바둑 프로그램 '알파고'를 비롯하여 구글의 자율주행차나 아마존의 음성비서 '알렉사' 등이 현재까지 대중적으로 가장 많이 알려진 인공지능이다. 그렇지만 가만히 살펴보면 인공지능 시스템은 이미 우리 생활에서 밀도 있게 적용되고 있다. 사물인터넷에

인공지능은 방대한 데이터를 수집하고 처리하면서 인간의 직관까지 흉내 낸다. 콘텐츠 산업에서도 인공지능이 주목받는 이유이다.

기반을 둔 스마트 미디어, 로봇 청소기, 스마트 헬스 기구 등 우리 생활의 여러 분야에서 친숙하게 활용되는 인공지능을 찾는 일은 어렵지 않다. 인공지능은 정보의 보유량과 정보 처리 속도에서 놀랄 만큼의 경쟁력을 보여주고 있으며 더욱이 여기에 부가하여 스스로 학습하여 의미를 찾는 능력을 갖고 있다.

애플 아이폰의 '시리', 구글의 '구글 나우', 아마존의 '에코', SK 텔레콤의 '누구' 등은 사용자가 원하는 정보를 제공하면서도 계속적으로 학습하여 스스로 개선되어 가는 인공지능 디바이스들이다. 새로운 문제나 사건에 부딪혔을 때 스스로 해결책을 찾는다는 것은 우리의 일반적인 인식으로 생각해보자면 기계라기보다는 매우 인간적인지적 능력이다. 이제 인공지능은 고도의 지적 능력을 필요로 하는 창작의 영역에까지 확장되어 나간다. 실제로 인공지능에 의해 만들어지는 창작물을 보면 인공지능이 인간의 '감정'까지 갖고 있지 않은가 하는 생각이 들 정도이다. 인공지능은 방대한 데이터를 수집하고 처리하면서 인간의 직관까지 흉내 낼 수 있기 때문이다. 바로 이 점이 인공지능이 콘텐츠 산업에서도 주목받는 이유이다.

구글은 인공지능이 음악과 같은 예술 창작물을 만들 수 있는지를 확인하기 위해 '마젠타Magenta 프로젝트'를 시작했다. 마젠타 프로젝트의 결과로 인공지능이 만든 80초 분량의 피아노곡을 발표했다. 그럼으로써 창작이냐, 아니냐에 대한 논쟁을 불러일으키기도 했다. 인공지능을 통한 작품은 창작물이 아니라 데이터의 재조합에 불과하다는 의견도 있기 때문이다. 한편 IBM은 100편의 공포 영화 트레일러를 미리 학습시켜 인공지능 왓슨으로 하여금 21세기폭스사의 인공지능을 다룬 SF 스릴러 「모건」의 트레일러를 만들게 했다. 이를 위해 IBM은 100여 편의 공포 영화 트레일러를 미리 학습시켰으며 왓슨이 이러한 학습을 바탕으로 관객의 긴장감을 극대화할 수 있는 장면 10개를 추려내 예고편을 만들었다.

영국의 스타트업 주크덱도 인공지능을 이용해 50만 곡의 오리지널 음악을 제작했으며 미국 UC 산타크루즈 대학교의 과학자 겸 작곡가인 데이빗 코프David Cope 교수는 자신이 개발한 인공지능이 만든 노래 1,000곡의 저작권 인세를 받고 있다고 한다. 친구 사이인 영화 제작자 오스카 샤프와 인공지능 전문가 로스 굿윈이 공동 작업으로 인공지능 프로그램 '벤자민Benjamin'을 만들어 인터넷에서 구할 수 있는 1980~1990년대 공상과학 영화 대본 수십 개를 입력시켜 벤자

인공지능 '셸리'는 트위터에서 인간과 마치 공을 주고 받듯이 한두 문장씩 인간 사용자와 함께 주고받으며 소설을 써나간다. (출처: 트위터 화면 캡처)

민을 가르쳤다. 벤자민은 「선스프링Sunspring」이라는 제목의 단편 공상과학 영화 시나리오를 만들었다.

일본에서는 인공지능이 집필한 소설이 문학상의 1차 심사를 통과했다. 일본 공립 하코다테 미래대 교수팀은 인공지능으로 하여금 일본 유명 SF 소설가 호시 신이치의 초단편 소설을 학습하도록 해 니혼게이자이신문이 주최하는 소설 공모전에 소설 「컴퓨터가 소설 쓰는 날」을 출품한 결과인 것이다. 중국에서는 인공지능이 쓴 시집도 나왔다. 마이크로소프트가 개발한 인공지능 '샤오빙'은 1920년대 이후 중국 시인 519명의 작품을 학습하고 이를 바탕으로 1만 편이 넘는 시를 썼다. 이중 몇 편을 추려 시집 『햇살은 유리창을 잃고』를 출판한 것이다. 또한 샤오빙은 「AI 베이징」이란 노래 가사를 만들었는

데 AI를 '인공지능'으로도 읽을 수 있고 또 중국어로 사랑을 뜻하는 '아이爱'로도 읽을 수 있어 자유롭게 언어를 부리는 경지까지 보여주고 있다. 영국의 한 예술 단체에서는 인공지능으로 하여금 해리포터의 후속편을 쓰게 하여 화제가 되기도 했다.

또한 미국의 MIT 공대에서는 '셸리'라는 인공지능을 개발하였다. 셸리라는 이름은 공포 소설인 『프랑켄슈타인』의 작가 메리 셸리에서 따온 것으로서 셸리는 소설 가운데서도 공포 소설 장르에 집중해 글을 쓴다. 재미있는 것은 셸리가 인간과 협력하여 소설을 쓴다는 것이다. 셸리는 소셜 미디어 플랫폼인 트위터에서 인간과 마치 공을 주고받듯이 한두 문장씩을 인간 사용자와 함께 주고받으며 소설을 써나간다. 여기에서 셸리가 여러 인간 사용자들과 함께 써나간 소설 일부분을 소개한다. 이 중 굵은 글씨체가 셸리가 쓴 부분이고 나머지는 인간이 쓴 글이다.

I started to breath again. The chains in my ankle twitched and the shadow continued to stare. A silent cry and a few signs of life began to form. I had no idea. I raised it. I had to do something. **I had to see to it. I had to. I was going to find out. I was going to get away from this thing. I couldn't let it get me. My adrenaline was kicking in and I couldn't stop myself.** But the chains! The chains! How was I to get myself free? **I was losing my mind! I couldn't move.**

The creature was there with me. What was it doing? Then I something. The beast was chained also. We were both prisoners in this place. But why? Who was responsible for this? **As we stood there in silence I heard a loud noise. Metallic creaks and shuffling. I was frozen in place.**

나는 다시 숨쉬기 시작했다. 발목의 쇠사슬이 풀려서 그림자가 계속 쳐다보았다. 조용한 비명과 몇 가지 생명의 흔적이 나타나기 시작했어요. 전혀 몰랐어요. 제가 올렸어요. **난 뭔가를 해야 했다. 나는 그것을 처리해야 했다. 그래야만 했어요. 나는 알아내려고 했다. 난 여기서 벗어나려고 했어. 난 그것이 날 힘들게 하도록 놔둘 수 없었다. 아드레날린이 솟아서 나 자신을 멈출 수가 없었어.** 하지만 사슬은! 사슬! 내가 어떻게 몸을 풀었을까? **저는 제정신이 아니었어요! 나는 움직일 수 없었다. 그 괴물은 나와 함께 있었다. 뭘 하고 있었던 거죠?** 뭔가 했어요. 그 짐승도 사슬에 묶여 있었다. 우리는 둘 다 이곳에서 죄수였다. 하지만 왜 그랬을까? 누가 이것에 책임이 있었나요? **우리가 거기에 침묵 속에 서 있을 때 나는 큰 소리를 들었다. 금속 방울들이 부서지고 있다. 나는 제자리에 얼어붙었다.**

위의 한글 번역 또한 필자가 의도적으로(!) 네이버의 통번역 인공지능 서비스인 '파파고'에 맡겨 얻은 결과이다. 비록 부자연스런 연결과 어법이 눈에 띠기는 하지만 머신러닝으로 만들어진 콘텐츠가 기존의 문학, 영화, TV 등에 충분히 활용될 가능성을 보여주는 것이 놀랍지 않은가. 물론 인간이 쓰는 소설과 비교하자면 약간의 어색함이 있지만, 인공지능이 학습을 통해 '이야기'를 전개할 수 있다는 사실은 앞으로 콘텐츠의 미래를 예측해볼 때 매우 의미심장하다. MIT의 개발자들은 셸리에게 소셜 뉴스 사이트인 레딧Reddit에서 수집한 이야기를 사용하도록 학습시켰다. 셸리와 함께 창작(!)에 참여하는 것은 의외로 쉽다. 트위터에 계정이 있으면 셸리(@shelley_ai)의 글을 찾아서 읽고 셸리가 '#yourturn'이라고 하면 댓글을 달아 글을 쓰면 된다. 물론 다른 사용자와 함께 공동 작업을 하는 것도 가능하다. 셸리는 인간의 무한한 상상력이 반영되는 예술작품 창작에서 인공지능과 콘텐츠 생산자들이 어떻게 관계를 맺고 협업할 것인가? 하는 새로운 숙제를 안겨주었다.

이미 미국에서는 상당수 매체에서 인공지능이 기자들의 역할을 대신하고 있다. 미국 『포브스』의 '퀼', 『워싱턴포스트』의 '헬리오그래프', AP 통신의 '워드스미스'가 대표적이다. 인공지능, 즉 로봇 기자들은 애초 스포츠 경기의 결과나 증권 정보 같은 단신 위주로 기사를 제공했다. 그렇지만 점차 인공지능 로봇이 인터넷의 수많은 게시물을 살펴보며 그날의 이슈를 파악하고 자신이 쓸 뉴스 아이템을 스스로 결정하고 기사를 쓰게 됐다. 단순히 정보 수집이나 기사 작성을 빨리한다는 정도가 아니라 '스스로 알아서' 일하는 똑똑한 인공지능인 것이다. 이런 '똑똑함'을 무기로 변호사나 의사 등 전문직이라 불리는 업무에서도 인공지능이 활약하기 시작했다.

IBM이 개발한 인공지능 변호사 '로스Ross'는 수많은 판례를 수집하고 검토해 적절한 판례를 추천한다. 병원에서도 엄청난 양의 의료 데이터를 수집하고 분석하여 병을 진단하고 치료를 돕는 일을 인공지능이 하고 있다. 역시 IBM이 개발한 의료 인공지능 '왓슨'이 대표적이다. 심지어 기업 면접에서도 인공지능이 면접관으로 등장하고 있다고 하니 그야말로 인공지능 우선AI First! 시대라 할 만하다. 머지않은 미래에 우리는 사람이 아닌 인공지능에 몸과 마음을 의지하고 인공지능과 함께 기쁨과 노여움, 슬픔과 즐거움을 나눌지도 모르겠다.

그렇지만 인공지능이 콘텐츠를 제작한다고 해서 기존 콘텐츠의 맥락을 이해하여 창작의 과정을 거친 것이 아니라 데이터화된 기존 콘텐츠의 패턴을 분석하여 만든 결과라는 것은 부인할 수 없다. 따라서 많은 사람이 콘텐츠 창작에서 인공지능이 인간을 대체하기보다는 인간의 창의성을 고양하고 확대하기 위한 장치로 이해해야 한다고 주장한다. 즉 인간은 인공지능의 도움을 받아 통찰의 능력을 확대하고 인공지능은 다시 이를 학습하여 인간의 창조성을 확장하는 데 도움을 주는 새로운 창작 방식이 콘텐츠 혁명 시대에 적합하다는 것이다.

6

콘텐츠 큐레이션

'호모 사피엔스'는 '지혜로운 사람'이란 뜻이다. 다양한 과학적 증거들에 따르면, 호모 사피엔스가 현생인류로 진화한 것은 지적 능력이 있기 때문이다. 환경에 적응하는 능력, 학습할 수 있는 역량, 추상적 개념을 채용하는 능력 등 인간이 보유한 지능이 지금 인류의 생존을 가능하게 한 것이다. 콘텐츠 산업에서의 지능은 소비자를 이해하는 능력이다. 소비자의 행동에서 발생하는 다양한 데이터를 수집하고 분석하여 소비자의 생각과 취향 그리고 필요에 맞는 콘텐츠를 제때 적절하게 제공하는 지능적인 역량이 초지능 시대에 그 진가를 발휘한다. 이것이 바로 콘텐츠 큐레이션이 주목받는 이유이다.

콘텐츠 큐레이션은 콘텐츠가 넘쳐나는 지금의 미디어 환경에서 소비자들의 취향에 딱 맞는 유의미한 콘텐츠를 찾아 분류하고 가공하여 제공하는 것을 의미한다. 큐레이션은 원래 미술관이나 박물관에

유능한 큐레이터는 소비자들과 소통하며 소비자가 원하는 콘텐츠를 찾아내고 분류하며 소비자가 원하는 방향으로 콘텐츠를 변화시킨다.

서 기획자가 일정한 주제에 맞춰 작품을 선별해서 전시하는 것을 뜻하는데 넓은 의미로 사용될 때는 정보 과잉의 시대에 의미 있는 정보를 찾아 더욱 가치 있게 제시해주는 것을 말한다.

유능한 큐레이터는 소비자들과 소통하며 소비자가 원하는 콘텐츠를 찾아내고 분류하며 소비자가 원하는 방향으로 콘텐츠를 변화시킨다. 경쟁력 있는 플랫폼은 소통에 능한 플랫폼이다. 사용자들의 피드백이 바로 콘텐츠에 반영될 때 소비자들은 플랫폼에 대한 충성도와 콘텐츠에 대한 몰입도를 높인다. 소셜 미디어로 사용자의 데이터를 분석하고 그 피드백을 반영해 사용자가 원하는 콘텐츠를 먼저 제시하는 순발력이 플랫폼 서비스의 필수요건이 되었다. 유튜브를 접속하면 요청하기도 전에 벌써 우측에 내가 좋아할 만한 영상이 추천

되어 선택을 기다리고 있다.

큐레이션 서비스는 채널 서비스를 제공하기보다는 개별 프로그램에 대한 사용자의 선택권을 보장한다. 편성권이 개개인 소비자에게 있는 셈이다. 소비자가 어떤 콘텐츠를 이용할지를 스스로 결정하기 때문이다. 따라서 콘텐츠 큐레이션 시대에는 굳이 시간에 얽매여 '본방 사수'를 할 필요가 없다. 개인화된 콘텐츠 소비를 지향하는 현대인에게 적절한 맞춤 서비스인 것이다. 단순한 정보만을 찾는 소비자에게는 검색 기능만을 제공하면 되지만 보다 의미 있는 정보 체계를 더 수월한 방식으로 찾는 소비자에게는 큐레이션이 반드시 필요한 서비스이다.

넷플릭스는 개인별 콘텐츠 클릭 이력, 시청 목록, 평가 점수 등 가입자 취향을 자세히 분석하여 데이터화하고 콘텐츠를 추천할 때 이 데이터를 활용하여 개인화된 콘텐츠 큐레이션을 제공했다. 넷플릭스의 콘텐츠 큐레이션 서비스는 세계 최대의 스트리밍 플랫폼으로 만드는 데 결정적인 공헌을 했다.

국내 OTT 서비스 사업자인 왓챠Watcha도 소비자가 콘텐츠를 시청하고 나서 별점 평가를 남기면 이를 바탕으로 취향에 맞는 새로운 콘텐츠를 추천하는 서비스를 제공하고 있다. 왓챠는 큐레이션 과정에서 '고객이 싫어하는 걸 보이지 않게 한다'에 초점을 맞춘다. 소비자가 좋아하는 것을 추천하고 소비자가 싫어하는 것을 추천하지 않는 것이 큐레이션의 기본임을 고려할 때 설득력이 있어 보인다. 콘텐츠 큐레이션은 뉴스 서비스에서도 빛을 발한다. 인터넷에 기반을 둔 뉴스를 제공하는 서비스는 그 숫자도 엄청나게 많을 뿐 아니라 뉴스

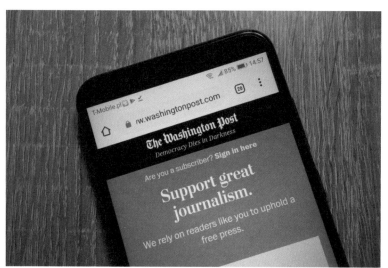

『워싱턴 포스트』는 고객 취향 분석을 통해 정보를 선별하여 제공하는 뉴스 큐레이션 전략으로 크게 성공을 거두었다.

의 질적인 수준도 편차가 심해서 소비자들은 인터넷 뉴스에서 피로감을 호소하기 일쑤이다.

인터넷 뉴스 미디어의 폭증에 따라 소비자가 필요한 정보를 유형에 따라 소비하고 특정 정보만을 선택적으로 소비하려는 경향은 세분화된 뉴스 큐레이션의 필요를 드높였다. 아마존의 CEO 제프 베조스가 『워싱턴포스트』를 인수했을 때 많은 사람이 놀랐다. 더욱 놀라운 것은 죽어가던 『워싱턴포스트』가 3년 만에 『뉴욕타임스』의 인터넷 방문자 수를 능가한 것이었다. 그 비결은 바로 제프 베조스가 아마존닷컴에서 가져온 큐레이션 전략에 있었다.

제프 베조스의 『워싱턴포스트』는 고객 취향 분석을 통해 소비자들이 가장 관심이 있을 정보를 끊임없이 선별해서 제공해준 것이다. 소비자들이 과거 주로 읽었던 기사들을 분석하고 소비자의 '개인적 관련성Personal Relevance'을 자극해주는 제목과 내용으로 고객을 소구했다. 그리고 이 전략은 성공했다. 이후 큐레이션에 특화된 뉴스 서비스가 많이 등장했다. 대표적으로 버즈피드를 들 수 있다. 2006년 미국에서 설립된 버즈피드는 개인에게 필요한 뉴스만 모아서 제공하는 '개별화된 뉴스' 서비스를 제공하면서 레거시 뉴스 미디어를 추월하는 새로운 뉴스 사이트로서 자리를 굳혔다. 우리나라의 피키캐스트도 버즈피드와 유사한 서비스를 제공한다.

피키캐스트는 TV, 영화, 뉴스 등의 콘텐츠가 소셜 미디어에서 많은 공감을 얻어 화제가 된 것을 짧고 이해하기 쉽게 가공해 큐레이션해주는 서비스다. 아울러 피키캐스트는 '우주의 얕은 지식'이라는 슬로건을 앞세워 주로 인터넷에 떠도는 생활정보 등의 가벼운 콘텐츠를 엮어 모바일에서 보기 쉽게 편집한 뒤 이용자들에게 제공한다. 기존 정보들을 적절하게 다시 가공해 '당신이 알아야 할 10가지'와 같은 목록형 기사, 퀴즈, 카드뉴스 등 모바일에 최적화된 다양한 형식으로 제공해 소비자들의 관심을 끄는 것이다. 이렇듯이 큐레이션은 사용자의 관심사와 취향에 맞게 콘텐츠를 재배치하는 등 철저하게 맞춤형 콘텐츠를 제공함으로써 초지능 시대의 소비자들을 소구하고 있는 것이다.

큐레이션은 인공지능을 활용해 사용자의 취향 데이터를 분석하고 자주 보는 콘텐츠를 기반으로 비슷한 사용자들의 취향을 반영해 좋아할 만한 것들을 추천하는 것이 기본이다. 그렇지만 단지 좋아할 만한 콘텐츠뿐만 아니라 봐야 할 콘텐츠도 함께 추천하는 똑똑한 큐레이션도 함께 시도되고 있다. 독일의 모바일 뉴스 큐레이션 서비스 업데이Upday는 사용자가 '알아야 할 뉴스Top news'와 사용자가 '알고 싶어 하는 뉴스My news'로 나누어 최적화된 큐레이션 서비스를 지향하고 있다. 영국의 BBC도 시청자를 이해하고 관계를 형성하는 데 빅데이터에 기반을 둔 시청자 정보를 분석해서 시청자 맞춤형 방송 추천 서비스를 제공하고 있다.

BBC+는 영국의 공영방송 BBC가 제공하는 콘텐츠 통합 모바일 앱이다. 그동안 뉴스, 스포츠, 날씨 등 관심사에 따라 BBC 뉴스, BBC 스포츠, BBC 웨더 등 다양한 모바일 앱에서 개별적으로 서비스를 제공받아야 했던 것에서 벗어나 BBC 홈페이지에서 이용할 수 있었던 방대한 동영상 콘텐츠를 이제 하나의 앱에서 통합적으로 이용할 수 있게 한 서비스이다. 언제 어디서나 내가 원하는 콘텐츠를 편리하게 소비할 수 있게 했다는 점에서 더욱 진일보한 시청자 서비스를 구현했다. 모바일 앱 BBC+가 소비자 친화적이라고 평가하는 데는 단순히 다양한 콘텐츠를 한데 모아 통합 서비스를 제공하기 때문은 아니다. 무엇보다 중요한 것은 BBC+가 시청자들의 앱 이용 기록 등 빅데이터를 기반으로 하는 '큐레이션'을 통해 콘텐츠를 추천하며 더 개인화된 서비스를 제공하는 데 있다. 즉 시청자들이 자신의 관심에 따라 주제를 선별할 수 있고 선호하는 콘텐츠만을 선택적으로 시청할 수 있는 장치를 마련한 것이다. 콘텐츠 과잉의 시대에 큐레이션은 필수 불가결한 소비자 지향의 서비스이다.

콘텐츠 플랫폼의 서비스는 이제 단순히 콘텐츠를 전달해주는 것을 넘어 점차 오픈 플랫폼으로 진화했다. 콘텐츠 플랫폼의 서비스가 그동안 패키저Packager였다면 이제는 디지털 스토어로 진화한 것으로 이해해야 할 것이다. 콘텐츠 큐레이션은 콘텐츠 이용 정보를 분석해 소비자에게 최적화된 콘텐츠를 노출하고 추천하는 서비스이다. 이제 소비자의 고유한 권리는 클라우드에 존재하는 콘텐츠에 대한 편리한 접근과 선택권이다. 이러한 패러다임 변화에 따라 콘텐츠 서비스에서 큐레이션의 가치는 더욱 빛을 발하게 됐다. '콘텐츠 위에 큐레이션'이란 말이 실감나는 세상이다. 특히 영상 콘텐츠는 단 한 번의 소비로 끝나는 것이 아니라 오랜 기간 지속적으로 소비될 수 있는 롱테일적 특성을 지니고 있어 큐레이션은 시장 가능성을 품은 미래 콘텐츠 서비스로 자리잡고 있다.

4장

콘텐츠의 미래

1
콘텐츠 추천 알고리즘

　소비자가 원하는 가치 있는 콘텐츠를 선별하고 제공하는 것이 더 중요해짐에 따라 이제 큐레이션이 필수적인 콘텐츠 전략이 됐다면 어떻게 해야 제대로 된 콘텐츠 큐레이션을 실행할 수 있을까? 그 답은 제대로 된 콘텐츠 추천 알고리즘을 만드는 데 있다. 콘텐츠 큐레이션은 알고리즘에 의해 비로소 실행된다. 알고리즘이란 주어진 어떤 문제를 해결하기 위한 여러 명령으로 구성된 순서화된 절차를 말한다. 사실 인공지능이란 것도 결국 인간처럼 인지하고 학습하도록 설계된 일련의 알고리즘 장치라고 볼 수 있다. 어떻게 보면 세상은 알고리즘으로 움직인다. 검색엔진에 궁금한 단어를 입력했을 때 과연 어떤 기준에 의해 그 결과를 보여주는 것일까? 그 기준이 바로 알고리즘이다.

　세계에서 가장 영향력이 큰 검색 사이트인 구글의 기본적인 알고리즘을 예를 들어보겠다. 구글은 수많은 웹페이지가 링크되어 있다는 점에 착안해 사람들이 많이 방문하거나 혹은 공신력 있는 웹페이지에 링크될 경우 가중치를 적용하여 우선적으로 노출시킨다고 한다. 물론 어떤 기준으로 방문자 수를 계산하는가, 공신력의 기준은 무엇인가, 어떻게 점수를 매길 것인가 등 아주 세세한 부분까지 치밀하게 고려하여 구글의 알고리즘이 짜여 있을 것이다. 이러한 알고리즘은 주변 환경 변화에 따라 그때그때 새로운 내용이 추가되어 끊임없이 업데이트되고 있다.

페이스북은 지구촌의 20억 명의 이용자들을 갖고 있다. 이것은 전 세계 인구의 4분의 1이다. 이것은 20억 명의 개인정보 데이터를 페이스북이 갖고 있다는 것이다. 페이스북에 접속하면 "무슨 생각을 하고 계신가요?"라고 묻는다. 사용자의 개인적이고 일상적인 데이터를 제공해달라는 것이다. 우리가 페이스북을 사용하면서 자연스럽게 제공하는 '댓글' '좋아요' '공유' 기능은 그 자체로 소비자의 취향과 의견을 알 수 있는 양질의 데이터이다. 기업이 페이스북에서 생성된 데이터를 바탕으로 자사의 상품에 대한 소비자 분석 및 마케팅 채널로 활용하는 이유이다.

페이스북의 뉴스피드에 어떤 포스팅이 우선 배치되는가 하는 것은 알고리즘에 의해 결정된다. 페이스북은 단순한 소셜 미디어가 아니다. 페이스북에 접속하는 순간 우리는 정교한 알고리즘을 가진 인공지능 머신을 작동시켰다고 생각하면 된다. 페이스북은 나의 프로필과 관심사는 물론 콘텐츠를 소비하는 패턴을 분석해 최적의 타임라인을 제공한다. 필자의 페이스북 뉴스피드에는 직장인을 위한 고급

우리가 페이스북을 사용하면서 자연스럽게 제공하는 '댓글' '좋아요' '공유' 기능은 그 자체로 소비자의 취향과 의견을 알 수 있는 양질의 데이터이다.

남성 셔츠 광고가 뜬다. 페이스북은 내가 남자라는 것과 직장인으로서 셔츠를 필요로 하다는 것. 그리고 셔츠 한 장 사는 데 몇만 원을 소비할 수 있다는 것을 아는 것이다. 페이스북은 데이터를 기반으로 사람들의 소통 방식을 개선하고 비즈니스적으로는 개인 맞춤형 광고에 활용하는 것이다. 내가 그 셔츠를 실제로 살까 말까 망설일 때 친구가 누른 '좋아요'가 있다면 분명 구매 판단에 영향을 미칠 것이다. 혹 내가 이 상품에 '좋아요'를 누른다면 나의 페이스북 친구들의 이 제품에 대한 호감은 급상승할 것이다. 이것이 페이스북이 친구 중심의 소셜 네트워크이지만 동시에 광고 플랫폼으로 확장되고 있는 이유이다. 페이스북의 개인정보 데이터는 이것을 광고와 연결하는 능력이 커질수록 그 가치는 더욱 높아진다. 미디어의 소셜 경험을 통해 제공하는(수집되는) 빅데이터가 비즈니스의 자산이 되는 시대이다.

페이스북은 내가 이전에 작성한 모든 게시물과 그것에 대한 친구들의 반응을 정교하게 분석하고 '좋아요'를 누른 게시물에 대해서도

페이스북의 엣지랭크

이미 분석을 끝냈다. 그래서 가장 내가 반응할 가능성이 큰 게시물을 나의 뉴스피드에 보여주는 것이다. 엣지랭크EdgeRank로 알려진 페이스북의 뉴스피드 알고리즘에 따르면 친밀도Affinity Score, 가중치Edge Weight, 시의성Time Decay의 세 요인에 의해 점수가 부여되어 노출 기준이 결정된다. 예를 들어 내가 제주도에 놀러 가서 맛있게 갈치구이를 먹은 사실을 포스팅하면 그동안 나의 게시물에 '좋아요'를 표시하거나 댓글을 남겨왔던 친구들의 뉴스피드가 '친밀도'라는 알고리즘의 기준으로 점수가 매겨져 포스팅 순위에 영향을 미친다. 물론 친구의 '좋아요'나 댓글의 빈도 등이 '친밀도'의 점수에 반영된다. 다음으로는 '가중치'인데 포스팅의 개별 경쟁력 지수라고 생각하면 된다. 다른 사용자들로부터 얼마나 많은 체류 시간을 확보할 수 있느냐에 따라 '가중치' 점수가 결정되는 것으로 보인다. 나의 제주 갈치 포스팅이 단순 링크나 텍스트뿐이라면 점수가 낮지만 사진이 들어간다면 조금 더 나은 점수를 받을 수 있고 동영상이라면 '가중치' 점수가 제일 높다고 한다. 마지막으로 '시의성'은 내가 포스팅한 시점과 다른 사용자의 로그인 시점이 시간적 차이가 작을 때 그만큼 시의성 점수가 올라간다. 즉 사용자가 로그인한 시간에 실시간으로 포스팅하면 가장 점수를 많이 얻는다. 뉴스피드를 항상 새롭게 업데이트해 사용자들의 관심을 잃지 않으려는 페이스북의 전략이다.

이러한 요소들이 지금까지 많이 알려진 페이스북의 알고리즘 기준이다. 물론 각 점수의 구체적 산정 방식은 사업자의 기밀에 속하는 것이고 복잡하기도 이를 데 없다. 그렇지만 친구와의 관계를 의식해서 실제로 포스팅을 읽지도 않고 소위 '영혼 없는(!) 좋아요'를 남발한 경우나 별다른 내용 없이 링크만 공유한 포스팅의 경우에는 점수를 짜게 매기는 등 페이스북의 알고리즘은 매우 정교하게 짜여 있다. 광고성이나 혐오감을 주는 포스팅과 포르노 등을 촘촘하게 걸러내고 지나치게 민감한 이미지나 비디오들을 배제하는 등 페이스북이 고려하는 요소가 10만 개가 넘을 정도로 뉴스피드 알고리즘은 매우 세심하게 만들어져 있다고 한다.

그동안 게이트키핑이 언론 데스크의 몫이었다면 이제 초지능 시대에는 알고리즘이 게이트키퍼다. 이렇듯이 정교한 알고리즘도 결국은 사용자들을 플랫폼에 잡아두어 콘텐츠 소비와 체류시간을 늘리고 광고 매출을 높이기 위한 전략이라는 것이 분명해 보인다. 어찌됐거나 지금도 세계 유수의 콘텐츠 플랫폼 사업자들은 우수한 두뇌들을 유치하여 알고리즘을 만들어내고 또 그 기능을 꾸준히 개선시키기 위한 노력에 막대한 투자를 하고 있다.

우리 주변에 넘쳐나는 콘텐츠 중에서 소비자에게 적합한 콘텐츠를 선별해주는 추천 알고리즘은 콘텐츠를 제공하는 플랫폼에서 필수적

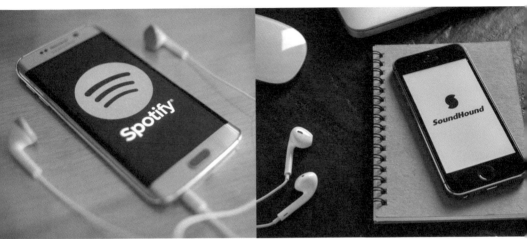

소비자 취향 파악으로 개인에 최적화된 서비스를 제공하는 음악 스트리밍 서비스인 스포티파이와 사운드 하운드

인 장치가 되었다. 나의 취향과 특성을 분석해 콘텐츠를 추천하는 알고리즘은 음악, 영화, 뉴스 등 거의 모든 콘텐츠 서비스에서 이용되고 있다. 영화를 예로 들자면 영화의 감독과 배우는 물론 장르, 캐릭터, 상영시간, 개봉 일시, 흥행 성적, 그리고 소비자나 평론가의 별점 등 숫자화할 수 있는 객관적이고 정량적인 데이터는 물론이고 정성적인 데이터로 영화의 분위기, 서사 구조, 영화를 감상한 소비자의 주관적인 평가 등을 포함해 영화의 속성을 분류하고 평가한다. 또한 소비자도 개개인의 기호, 선호도, 그동안 콘텐츠 소비 이력 등을 분석하여 소비자 데이터로 활용하여 각각의 소비자와 가장 잘 매치될 수 있는 영화의 속성을 결정하고 추천하는 것이다. 최근에는 언제 누구와 어디에서 영화를 보느냐에 따라 추천하는 영화가 달라지는 등 사회적인 맥락도 영화 추천 알고리즘에 포함됐다.

음악 분야에서는 스포티파이와 사운드 하운드의 사례를 들 수 있다. EMI의 음악 스트리밍 서비스인 스포티파이는 뮤직 블로그, 페이스북, 트위터 등 소셜 미디어에서 추출한 데이터로 소비자의 취향을 파악해 맞춤형 서비스를 제공하고 있다. 또 사운드하운드는 라스트에프엠LastFM의 새로운 음악을 추천하는 서비스로 음악 스타일을 비교 분석해 비슷한 패턴의 음악을 분류하고 소비자 취향과 매칭을 통해 노래 정보 검색을 지원한다. 개인에게 최적화된 음악 서비스 이용 경험을 제공하는 것이다. 국내 최대의 음원 서비스인 멜론도 소비자가 지난 10년간 음원을 소비한 이력과 이용 행태 등을 데이터로 수집하고 분석하여 소비자 맞춤형 음원을 제공하고 있다. 콘텐츠 기반 필터링은 예를 들어 음악을 추천하기 위해 음악 자체를 분석하여 유사한 음악을 추천하는 방식이다.

음악 사이트인 판도라도 신곡이 출시되면 음악을 분석하여 장르, 비트, 음색 등 음악 자체를 분석하고 사용자로부터 '좋아요'를 받은 음악의 특색을 바탕으로 해서 해당 소비자의 특성과 취향을 매칭해 선호할 만한 음악을 제공한다. 즉 소비자가 원하고 필요한 음악 콘텐츠를 똑똑하게 공급하는 것이다. 콘텐츠가 인간의 상상력과 욕망을 발현한 것이라면 알고리즘은 인간의 상상력과 욕망을 실현하기 위한 장치이다. 일상을 혁신하는 콘텐츠는 누가 더 좋은 알고리즘으로 차별화된 서비스나 최적의 결과를 찾아내느냐에 달려 있다. 인공지능 시대 최적화된 알고리즘을 개발하는 것이야말로 콘텐츠 산업의 가치를 높이는 일이 될 것이다.

2

필터 버블과 좋은 거버넌스

콘텐츠 과잉의 시대에 알고리즘을 통해 나와 '관련 있는' 콘텐츠만을 걸러주는 큐레이션은 매우 고맙고 효과적인 콘텐츠 서비스임이 틀림없다. 그렇지만 여기에도 알고리즘의 편향성이라는 위험요인이 상존한다. 우리는 일반적으로 콘텐츠 큐레이션에 적용되는 알고리즘이 매우 공평하고 객관적이라고 생각하기 쉽다. 인공지능은 기계이고 기계는 기본적으로 객관적이고 가치중립적일 것이라는 인식의 오류 때문이다. 그렇지만 알고리즘은 알고리즘을 설계한 사람 혹은 기업의 이데올로기를 반영한다. 협력적 필터링으로 고객에게 최적화된 상품을 추천하는 아마존의 추천 알고리즘은 상품의 매출과 이익 증대라는 기업 이익에 복무한다. 광고 수익에 기반을 두는 페이스북의 뉴스피드 알고리즘도 알고 보면 소비자에게 광고 도달율을 최대한으로 높이기 위한 장치이고 정교한 콘텐츠 추천 시스템을 자랑하는 넷플릭스도 기업 이익이라는 알고리즘의 이데올로기에서 자유롭지 않다.

미국의 시민운동 단체 무브온Move on 이사장인 엘리 패리저Eli Pariser는 개인에게 관련 있는 맞춤형 정보와 뉴스는 결국 편견 속에 인간을 가둔다고 주장한다. 그는 정보 제공자가 개인별 맞춤형 정보를 제공하면서 이용자는 필터링된 정보만을 접하게 되는 현상을 '필터 버블Fiter Bubble'이라 칭했다. 즉 정보의 홍수에서 맞춤형 정보가 '버블' 속에 개인을 가둔다는 것이다. 필터 버블은 구글과 같은 검색 서비스 혹은 페이스북과 같은 소셜 미디어가 제공하는 정보에 의해 '편식된 콘텐츠'를 접하는 소비자들이 점점 더 자신만의 울타리에 갇히고 있다는 것을 경고한다. 어떻게 보면 인터넷 콘텐츠 서비스는 거대한 알고리즘의 집합체라고도 볼 수 있는데 필터 버블은 알고리즘의 위험성에 대한 경각을 주고 있다.

사실 개인화가 가능한 메커니즘이 바로 알고리즘인데 검색 서비스나 소셜 미디어 서비스 사업자들은 각종 인터페이스로 방대한 개인 데이터를 수집한다. 수집된 정보는 그들이 세팅해둔 알고리즘을 통해 분류되고 가공되어 한 개인의 정치적 성향, 경제적 수입의 정도, 소비 성향, 상품 구매 선호도 등 구체적인 항목으로 분류된다. 한 번 정해지면 일정한 시간 동안 수집 데이터 정보의 특이한 변화가 포착되지 않는 한 특정 개인의 특성으로 그 값이 입력된다. 이제 특정 개인이 어떤 키워드로 검색하면 그 결과는 특정 개인의 특성 데이터에 따라 '필터링된' 결과를 보여준다. 예를 들면 이집트라는 단어를 검색하면 피라미드와 스핑크스 등 관광 정보가 나타나는 개인이 있는

필터버블은 알고리즘에 의해 개인이 보는 세상이 제한될 수 있다는 경고이다.

반면에 어떤 개인에게는 아랍의 민주화와 관련된 콘텐츠가 등장한다. 페이스북의 개인 화면에서 어떤 사람에게는 화장품 광고성 뉴스피드가 또 어떤 사람에게는 호텔 정보 뉴스피드가 뜨는 이유이기도 하다. 필터링된 세상에서 개인은 점점 더 우물 안 개구리가 되어가는 위험성이 커진다. 알고리즘에 의해 개인이 얻는 정보가 걸러지기 때문이다.

필터버블은 알고리즘에 의해 개인이 보는 세상이 제한될 수 있다는 경고이다. 알고리즘에 따라 개인화와 맞춤화가 진전이 되다 보면 어떤 개인에게는 정치 사회적 주요 의제가 전혀 전달되지 않고 필터링된 상업적인 정보만이 전달될 수 있기 때문이다. 특히 우려스러운 것은 알고리즘에 의해 특화된 뉴스 제공이다. 정치적 견해를 특정하여 특화된 세계는 내가 좋아하는 사람들과 생각들이 모여 있는 공간이다. 하지만 이용자들은 세상이 다 그러할 것이라는 확증 편향 속에

간혀 살게 될 우려가 있기 때문이다. 사실 필터 버블 현상의 본질은 알고리즘의 지배적 논리에 의한 것이다. 공공 사회적 이슈는 사라지고 결국 특정한 정치적 입장이 우리의 생각과 의식을 제어하고 상업적 논리가 우리의 삶을 조율하는 위험성에 노출된 것이다. 이것이 알고리즘에 따른 콘텐츠 추천 시스템의 불편한 진실이다.

한편, 알고리즘 역량은 데이터에 의해 결정적으로 영향을 받는다. 양질의 데이터가 많을수록 정교한 알고리즘 생성이 가능해져서 결과물의 완성도가 높아지기 때문이다. 인공지능에 의해 통제되는 스마트 홈 시스템이 집안 온도와 습도를 자동으로 조절해준다고 할 때 나의 취침 시간이나 평균 외출 시간 등 더 개인적인 데이터를 많이 제공할수록 더욱 똑똑하게 시스템이 기능할 것이기 때문이다. 콘텐츠 추천 알고리즘의 예를 들어도 마찬가지이다. 그동안 내가 시청했던 영화 장르와 소비 시간뿐만 아니라 누구와 어떤 경우에 무슨 영화를 보았는지에 따라 더 세밀한 추천이 가능하기에 더 많은 데이터를 제공할수록 더 정교한 서비스를 받을 수 있다.

우리는 초지능 시대에 어쩌면 점점 더 고도화되는 알고리즘의 효율과 편리성에 승차하기 위하여 더 많은 개인정보를 내놓아야 하는지도 모른다. 아울러 데이터는 결코 100% 객관적이거나 무색무취하지는 않다. 수집하는 사람이나 분석하는 사람의 관점과 목적에 따라 데이터의 내용이 왜곡될 수 있다. 따라서 알고리즘은 애초 만들어질 때부터 사업자의 편견이 개입될 수 있고 한 번 만들어지면 확대 재생산되는 위험성이 있다. 더욱이 알고리즘은 과거의 데이터를 수집하고 해석해서 판단하기 때문에 사람들을 과거에 묶이게 해 그 성향을 미래에도 고정화한다는 것은 매우 언짢은 사실이다. 더욱더 논란이 되는 것은 윤리적인 문제에 부딪히는 경우이다. 대표적인 사례가 '전차의 딜레마Trolley Dilemma'다. 우리나라에서는 『정의란 무엇인가』라는 책의 저자로 유명한 하버드 대학교의 마이클 샌델 교수는 묻는다.

"당신은 시속 100킬로미터로 달리는 전차의 기관사입니다. 그런데 갑자기 브레이크가 고장나 버렸습니다. 이대로는 철로 위에서 일하고 있는 인부 다섯 명을 덮치고 맙니다. 그런데 만약 당신이 전차의 선로를 변경하면 비상 철로 위에 있는 행인 한 명만 죽습니다. 당신은 선로를 변경하겠습니까?"

어려운 문제다. 이런 경우 우리는 공리적인 선택을 해야 할까? 그렇다면 이런 선택은 윤리적인 것일까? 논란은 멈추지 않는다. 우리는 이런 경우 알고리즘에 적용할 때 어떤 선택을 해야 할까? 사실 알고리즘을 어떻게 설계하느냐에 따라서 우리 삶은 막대한 영향을 받는다. 급박한 사고 상황에서 인공지능 자율주행차는 행인을 보호해야 할까, 아니면 차에 타고 있는 승차자를 보호해야 할까? 우리는 어떤 알고리즘을 구축해야 할까?

'알파고'를 만들어 유명한 구글의 인공지능 개발 자회사인 딥마인드에서 자체 윤리 부서를 만들어 인공지능의 사회 윤리적 의미를 검토하도록 한 것은 의미심장하다. 인공지능에 적용하는 알고리즘이 윤리적 도덕적 관점을 유지해 사회에 미치는 영향을 예견하고 모두에게 이롭도록 쓰여야 한다는 것을 전제하기 때문이다. 해외 기업뿐만이 아니다. 카카오도 2018년 초반에 국내 인터넷 기업 가운데 처음으로 알고리즘 윤리 헌장을 발표했다. 알고리즘의 개발 및 운영 방식이 우리 사회가 요구하는 윤리 기준에 맞도록 노력한다는 선언이다. 사회적 편견이나 차별 등에 의해 알고리즘이 사용될 잠재적 위험성을 경계하고 알고리즘 개발자로서의 사회적 윤리를 천명한 것이다.

사실 그동안 온라인 콘텐츠 사업자들은 뉴스 콘텐츠 배열이나 검색 글의 상위 배치 등에 알고리즘을 자의적으로 사용하여 많은 비판을 받아왔다. 알고리즘이란 개발자가 마음만 먹으면 얼마든지 결과를 다르게 만들 수 있기 때문에 구체적인 윤리 행위 원칙을 정착시켜야 할 필요성이 늘 제기되어 온 것이다. 초지능 시대에 사용자, 콘텐츠 서비스 제공자, 그리고 다양한 이해 당사자가 함께 참여해 민간과 공공 부문에서 공공선을 지향하는 '좋은 거버넌스good governance'가 알고리즘 정책에 반영되어야 하는 이유인 것이다.

3
콘텐츠 전쟁과 시장 실패

'현대 전략 분야의 아버지'로 불리는, 하버드 대학교의 마이클 포터 Michael E. Porter는 가치 사슬value chain이란 개념을 창안했다. 가치 사슬 이란 기업이 제품 또는 서비스를 생산하기 위해 원재료, 노동력, 자 본 등의 자원을 결합하는 과정을 말한다. 가치 사슬 분석은 최종 제 품이나 서비스에 부가되는 가치의 관점에서 자신의 경쟁적 지위를 파악하고 이를 향상시킬 수 있는 지점을 찾기 위해 사용하는 모형이 다. 전통적인 콘텐츠 산업의 가치 사슬은 콘텐츠 기획자와 콘텐츠 제 작자 그리고 배급자로 연결된 단순 구조였다. 대개 방송사에서 프 로그램을 기획하는 동시에 제작 프로덕션의 역할을 담당했으며 콘 텐츠 배급도 전파나 케이블을 통해 방송했기에 전체 프로세스와 가 치 사슬이 단순했다. 일반적으로 이 산업의 가치 사슬은 가치 사슬은 CPND로 각 부문을 구분하여 논의하고 있다. CPND는 각각 콘텐츠

Contents, 플랫폼Platform, 네트워크Network, 디바이스Device를 의미한다.

기술의 발전과 소비 습관의 변화로 촉발된 콘텐츠 혁명 시대에는 이 가치 사슬의 구조가 한층 복잡해졌다. 가치 사슬의 C-P-N-D 부문별로 다양한 조합이 가능해졌고 제휴와 협력이 활발해지고 합종연횡合縱連橫이 성행하기 때문이다. 예를 들어 넷플릭스의 경우 애초에는 가치 사슬 구조로 볼 때 콘텐츠 부문과 네트워크 부문 및 디바이스 부문을 가지지 않은 순수한 형태의 플랫폼 부문의 사업자였다. 따라서 콘텐츠 구매 비용을 최소화하고, 콘텐츠 전달 서비스를 통해 수익을 최대화하는 것이 가장 중요했다. 이 지점에서 넷플릭스는 기존의 틀을 뛰어넘는 혁신적인 선택을 한다. 즉 콘텐츠를 구매하여 자신의 플랫폼에서 개별 프로그램으로 소비자에게 제공하는 것이 아니라 월정액을 받고 요금제에 맞는 콘텐츠를 일괄적으로 모두 서비스하는 방식을 선택했다. 또한 소비자의 취향을 분석하여 아예 콘텐츠를 자체 제작하기도 했다. 가치 사슬의 플랫폼 부문에만 머물러 있기를 거부하고 콘텐츠 부문의 역할을 추가한 것이었다.

이에 맞서기 위해 콘텐츠 제작 사업자들도 자체적으로 보유하고 있는 웹사이트를 활용하여 콘텐츠 배급에 뛰어들었다. 지상파 TV 방송사들은 아예 연합하여 '훌루'라는 OTT 플랫폼 사업을 시작했다. 구글이나 애플도 자체적인 애플리케이션을 출시하고, 크롬캐스트 및 애플 TV를 출시했다. 그동안은 각각의 가치 사슬 부문 내의 경쟁이었다면, 이제는 가치 사슬 구조 전 부문에서 모든 사업자가 서로의 경쟁자가 되었다. 미국 지상파 NBC의 경쟁 상대는 같은 지상파 채널인 FOX TV뿐만 아니라 케이블 유료 방송사인 HBO이기도 하고,

2019년 3월 월트디즈니와 21세기폭스의 합병 효력이 공식적으로 발생했다. 월트디즈니는 21세기폭스의 영화·방송 부문을 713억 달러(약 81조 원)에 인수하며 미디어 콘텐츠 업계에서 가장 큰 영향력을 지닌 기업으로 재탄생했다.

또한 OTT 플랫폼 서비스 사업자 넷플릭스이기도 하며 아울러 구글과 애플도 무시할 수 없는 경쟁사가 되어 버렸다.

콘텐츠 산업 생태계의 이러한 복잡성은 C-P-N-D 차원을 넘는 활발한 수직 결합을 이끌어내고 있다. 수직 결합이란 수평 결합에 대비되는 용어로서 같은 업종에 속하지만 거래 단계를 달리하는 기업 간 결합을 의미한다. 예를 들어 수평 결합은 A 자동차 회사가 B 자동차 회사와 결합하는 것이고, 수직 결합은 자동차 제조회사가 타이어 제조회사와 결합하는 것이다. 수직 결합은 거래 비용 감소로 최종 제품의 가격 경쟁력과 판매 시장의 안정적 확보를 통해 시장 효율성을 높일 수 있는 장점이 있다. 그렇지만 콘텐츠 생태계에서 수직 결합은 다른 사업자들의 시장 진입과 경쟁을 제약한다. 예를 들어 수직적으로 결합한 플랫폼 사업자가 경쟁 콘텐츠 제작사의 프로그램 전송을 거부한다거나 역으로 킬러 콘텐츠를 보유하고 있는 지상파 방송사들이 직접 설립한 OTT 서비스 플랫폼인 훌루에게만 콘텐츠를 공급한다면 불공정한 경쟁 행위가 아닐 수 없다. 실제 미국에서는 2010년 지상파 NBC유니버설과 컴캐스트 간의 수직 결합이 있었는데, 이것은 NBC유니버설의 콘텐츠와 미국 최대의 유료 케이블사업자 컴캐스트의 플랫폼을 수직적으로 결합한 것이었다. 미국 연방통신위원회 FCC는 이 결합을 승인하되, 합병 이후에도 NBC의 콘텐츠를 타 플랫폼 사업자에게도 제공하도록 하는 조건으로 시장 봉쇄를 규제하며 승인했다. 이것은 업業의 경계가 무너진 것을 의미한다. 독립적이던 부문별 가치 사슬이 서로 혼재되어 콘텐츠와 플랫폼 사업자의 기존 경계가 모호해진 것이다.

이러한 합종연횡을 직접적으로 촉발한 것은 넷플릭스로 인한 위기감이다. 레거시 미디어와 비교해 한참 후발 주자인 넷플릭스가 1억 3,000만 명의 가입자를 보유한 전 세계 최대의 콘텐츠 플랫폼으로 성장하면서 그동안 콘텐츠 기업의 선두 주자였던 월트디즈니의 시가 총액을 넘어섰다. 위기를 느낀 디즈니는 21세기폭스의 TV와 영화 부문을 거액에 인수하며 넷플릭스에 반격을 모색하고 있다. 이외에도 미국의 거대 통신사 AT&T는 타임워너 인수에 성공했다. 이제 AT&T는 타임워너의 CNN, HBO 등 강력한 콘텐츠를 확보할 수 있게 되어 콘텐츠 생산과 유통을 겸할 수 있는 거대 통신 미디어기업으로 자리잡게 되었다. 한편, 전자상거래 업체 아마존은 스트리밍 서비스를 계속 확대하며 콘텐츠를 서비스하는 중이고, 중국 최대의 전자상거래 업체인 알리바바도 미국의 유명 영화감독 스티븐 스필버

콘텐츠 사업자 간의 신자유주의적인 결합 이유는 무엇보다 자본의 지속적인 이득 추구이다

그와 손을 잡았다. 알리바바가 스필버그의 영화사 앰블린 파트너스 지분을 인수한 것이다. 이렇듯이 콘텐츠 업계는 인수 합병으로 빅뱅을 경험하고 있다.

콘텐츠 산업의 지각 변동은 우리나라도 예외가 아니다. 2018년 7월 CJ오쇼핑과 CJ E&M이 합병하여 거대한 미디어 커머스 기업이 탄생했다. 카카오는 국내 1위 음원사업자 로엔을 인수하여 카카오M을 설립하였으며, SM엔터테인먼트는 SK텔레콤 계열의 광고회사를 인수했고, 네이버는 YG엔터테인먼트에 투자하여 2대 대주주가 되었다. 유튜브와 넷플릭스에 위기감을 느낀 지상파 3사의 연합 OTT 플랫폼 '푹'이 SK텔레콤의 '옥수수'와 전략적 제휴를 이룬 것도 마찬가지 사례. 이러한 합종연횡은 콘텐츠 세상의 강호江湖에 둑이 무너진 것으로 볼 수 있다.

　콘텐츠 관련 업계에서, 예전에는 서로 달랐던 영역이 이제 물리적, 화학적으로 결합하는 이유는 무엇일까? 이전에는 드라마나 영화는 방송사나 스튜디오나 프로덕션에서 제작했고 배급사에서 배급하였다. 그렇지만 넷플릭스와 같은 OTT 서비스 콘텐츠 배급 플랫폼이 등장함으로써 콘텐츠 산업의 가치 사슬 역할이 복잡해졌다. 콘텐츠 산업 내에서 이종 사업자 간의 결합은 바로 이러한 환경 변화에 대응하여 규모의 경제를 이루어 시장 경쟁력을 가지기 위함이다. 이것은 긍정적이지만 않다. 콘텐츠 사업자 간의 신자유주의적인 결합 이유가 무엇보다 자본의 지속적인 이득 추구이기 때문이다. 여기에서 우려되는 지점은 바로 소수 독점이다. 콘텐츠 산업이 소수의 거대 미디어 기업media conglomerate들에 의해 지배되는 미디어 집중 현상이 걱정되기 때문이다. 인수 합병의 결과, 거래비용을 최소화해 플랫폼과 콘텐츠를 싼값에 안정적으로 제공할 가능성보다 시장 독점력 강화로 서비스 요금을 크게 인상하거나 불공정한 방식으로 경쟁 사업자를 퇴출시킬 우려가 더 크다. 규모의 경제를 가동하려는 이유가 콘텐츠를 통해 지속적으로 자본의 최대 이득을 추구하는 것이 명료하기 때문이다. 콘텐츠는 우리의 가치와 문화를 표현하고 매개하는 수단이다. 미디어 집중은 콘텐츠의 다양성을 훼손하고 민주주의라는 큰 가치를 해칠 우려가 있다. 거대 기업들이 문화적 지배 권력으로 등장한다면 자본의 논리에 충실하여 가장 큰 수익을 보장할 콘텐츠만을 생산하는 데 주력함으로써 콘텐츠의 다양성이 훼손될 우려가 있고 이것은 민주주의의 가치에 대한 큰 위협이 될 것이다. 콘텐츠와 플랫폼 사업자 간의 결합을 바라보는 우리의 시선이 복잡해지는 이유다. 콘텐츠 세상에서의 합종연횡을 볼 때 시장 집중 규제, 공정 경쟁 확보, 소비자 권익 보호 그리고 콘텐츠 다양성 확보가 함께 고려되어야 하는 이유다.

미래학자이자 『드림 소사이어티Dream Society』의 저자인 롤프 얀센 Rolf Jensen은 "우리는 가까운 미래에 콘텐츠와 문화전쟁의 시대를 목도하게 될 것이다."라고 했다. 그에 따르면 제2차 세계대전은 산업 전쟁으로서의 가장 높은 산업 생산 능력을 갖춘 국가가 승리했으며, 걸프 전쟁은 정보전쟁이었기에 하드웨어와 소프트웨어의 전쟁이라고 했다. 그러나 미래의 전쟁은 아이디어와 가치관을 내용으로 하는 콘텐츠 전쟁content war이라고 했다. 강준만 교수도 『세계문화전쟁』에서 국가 간의 문화 교류의 실속은 치열한 문화전쟁이라고 설파했다. 『플랫폼 전쟁』의 저자 김조한은 넷플릭스, 아마존, 애플 등 미국의 거대 미디어 플랫폼 기업이 등장하고 중국의 플레이어도 급격하게 성장하여 시장을 다투는 현실을 '플랫폼 전쟁'으로 칭하고 있다. 그는 "전 세계는 지금 전쟁 중이다. 세계적 기업들은 각국 정부의 지원을 등에 업고 탱크 대신 플랫폼을 들이밀고, 총알 대신 콘텐츠를 쏴대는 공방전을 계속하고 있다. 이 전쟁에서 패배하면 우리는 종속변수로 전락하고 용병으로 남고 말 것이다."라고 경고했다. 그렇다. 지금은 문화전쟁의 시대다. 전쟁이란 표현이 과격하다고 생각될 수 있지만 어떤 문제에 대해 무력을 포함한 아주 적극적인 대응을 비유적으로 이른 말인 만큼, 콘텐츠 세상의 판이 그만큼 치열하다는 뜻으로 이해하면 된다. '콘텐츠 전쟁'이라고 하는 것은 콘텐츠의 제작과 유

세계 콘텐츠 소비 시장 규모는 2020년까지 연평균 성장률 4.4%를 기록하며 약 3,500억 달러에 이를 것으로 전망된다.

통이 그만큼 야만적인 방식으로 진행되고 있다는 경고다. 콘텐츠 산업은 우리가 주체적으로 대응하여 승리하지 못하면 마치 전쟁으로 인한 참화와 같이 큰 피해를 당할 수밖에 없다. 국경 없는 세계 콘텐츠 시장의 경쟁 상황이 전쟁이란 말을 써야 할 만큼 현실을 엄중하게 만든 것이다.

세계 최대의 콘텐츠 생산국이자 소비국인 미국의 경우 콘텐츠 산업을 군수산업과 함께 2대 주역 산업으로 육성하고 있다. 군수산업 못지않게 콘텐츠 비즈니스도 국가의 명운을 좌우하는 기간산업이며 큰 부를 창출하는 주요 수익 산업이라는 것이다. 콘텐츠 산업은 생산과 유통 그리고 소비라는 본원적 활동에서 다른 산업과 궤를 같이한다. 따라서 시장 자체의 수요와 공급이 무엇보다 유통의 근간이 된다. 그래서 시장에서의 위험을 최소화하고 수익 가능성을 높여감으로써 산업적 가치를 높이려는 노력은 콘텐츠 비즈니스에서 본질적이다. 세계 콘텐츠 시장은 스마트 기기와 네트워크의 발달로 디지털 콘텐츠 소비가 확연히 증가하고 있으며, 그 규모가 2020년까지 연평균 성장률 4.4%를 기록하며 약 2조 3,500억 달러에 이를 것으로 전망되고 있다. 이러한 시장 흐름 속에서 세계 각국은 콘텐츠 산업 시장 선점 효과 확보를 위해 무섭고 치열하게 다투고 있다. 총성은 없되 그 양상은 전쟁 못지않은 패권 다툼이다. 디지털 경제와 플랫폼을 기반으로 이루어지는 콘텐츠 산업은 시장 집중화 경향을 가지고 있고 시장을 선점한 사업자들이 경쟁에서 더 유리해지기 때문이다. 콘텐츠 산업의 시장 집중화는 플랫폼을 중심으로 이루어지는 수익체증현상(공급에서의 규모의 경제)과 네트워크 외부경제효과(수요에서의 규모의 경제)를 발생시키고 고착lock-in효과를 강화한다. 고착효과는 새롭게 등장한 서비스를 이용하는 데 전환 비용이 발생함으로 인해 현재 이용하는 서비스를 계속 유지하는 현상을 말한다. 쉽게 설명하자면 한번 애플의 아이폰을 이용하면 계속 애플 제품을 쓰게 되며, 한번 구글의 안드로이드를 운영체제로 선택하면 계속해서 구글의 신민臣民이 된다는 것이다. 글로벌 기업들은 소비자들의 편리와 즐거움을 내세우며 시장 집중화와 독점력을 강화해나가고 있다.

콘텐츠 산업의 위험 요소는 시장 경쟁의 치열성만이 아니다. 더 큰 위험은 시장의 불공정성에서 초래될 수 있다. 시장의 불공정은 독점과 과점을 가져온다. 독과점은 소수 사업자가 시장을 장악하여 경쟁이 제한된 상태를 의미하며 이러한 독점 시장에서는 대체재를 구하

독과점은 소수 사업자가 시장을 장악하여 경쟁이 제한된 상태를 의미하며 이러한 독점시장에서는 대체재를 구하기 어렵기 때문에 소수 사업자가 시장 지배력을 남용하게 된다.

기 어렵기 때문에 소수 사업자가 시장 지배력을 남용하게 된다. 이 경쟁 제한성이 계속되면 장기적으로 독과점적 구조에 따른 독점 가격이 형성되어 소비자 후생 역시 감소하게 된다. 소수 문화 권력에 의해 공익은 뒷전이 되기 일쑤이며 다양한 콘텐츠를 소비할 수 있는 소비자의 권리도 훼손된다. 즉 공정하지 못한 시장은 결국 부당하게 소비자의 이익을 현저히 저해시키는 요인이다. 따라서 문화산업적 측면에서 독과점을 방지하고 콘텐츠의 생산과 유통 과정을 공정하고 건강해야 지켜나가야 하는 것은 두말할 나위가 없다.

그렇지만 우리 콘텐츠 산업에 온당치 못한 일들이 너무나 횡행하고 있는 것이 현실이다. 우리 콘텐츠 산업의 불공정은 생산과 유통의 독과점에서 비롯된다. 이것은 콘텐츠 산업에서 자본의 영향력이 그만큼 막강하고 이에 따라 창작자들의 정당한 권리가 구조적으로 훼손되고 있다는 것을 의미한다. 일단 영화 산업을 보자면, 동일 거대 기업이 영화 배급과 상영을 장악하고 있다. 그러다 보니 이들이 만들고 유통하는 상업 영화가 스크린을 독과점하여 차지하는 것이 마치 당연한 일처럼 벌어지고 있다. 공정한 스크린 배분이 이루어지지 않는다. CJ, 메가박스, 쇼박스, 롯데엔터테인먼트 등 상위 4개 업체가 제작, 투자, 배급, 극장, 부가 판권 시장까지 모조리 독차지하다 보니 중소 제작사나 창작자들은 애써 만든 영화를 관객에게 선보일 기회조차 박탈당하고 있다. 관객 입장에서도 다양한 영화를 즐길 소비자의 권리가 폐기당하는 셈이다. 독과점은 생산 단계에서부터 투자사의 이익을 극대화하기 위해 스타 시스템에 의해 제작되는 상업영화가 이미 보장받은 스크린을 활용하여 소위 '대박 영화'로 만들어지는 토양이 된다. 물론 그 이면에는 생산과 유통에서 처절히 고군분투해도 '쪽박 영화'로 마감할 수밖에 없는 중소 제작사의 어두운 현실이 공존한다. 영화계는 이렇게 대박 영화와 쪽박 영화로 양극화가 고착되었다. 스타와 무명 연기자만큼 그 극단의 간극은 너무나 커 보인다.

　겉으로는 화려해 보이지만 속으로 곪아가고 있는 대표적인 문화 콘텐츠 산업은 대중음악이다. K-팝과 한류 열풍으로 소수의 대형 연예기획사들은 글로벌하게 잉여를 즐기고 있는 듯 보이지만 대다수의 음악 매니지먼트는 심각한 어려움에 봉착해 있다. 음반 산업은 이미 고사枯死 직전의 상황에 신음하고 있다. 음원 저작권의 수익 유통 비율이 창작자인 작곡, 작사자와 가수에게 불리하고 대형 유통회사에 유리하게 결정되어 불임不姙의 창작 환경이 만들어지고 있다. 아이돌 그룹이 주도하는 K-팝은 우리 한류와 대중문화의 해외 진출에는 긍정적일지 몰라도 대형 연예기획사들만이 독주하고 중소 규모의 인프라는 처참히 무너지는 대중음악계의 양극화는 궁극적으로는 우리 대중음악의 장기적인 몰락을 가져오는 병폐이다.

방송 콘텐츠 산업의 경우를 살펴보자. 여기는 좀 더 복잡한 양상이지만 양극화 현상에는 궤를 같이한다. 지상파를 중심으로 소수 사업자가 지배하던 방송 콘텐츠 시장은 인터넷과 모바일 기반의 새로운 플랫폼을 통한 콘텐츠 유통이 전면에 떠오르면서 급속히 재편되고 있다. 대표적인 레거시 미디어 지상파 방송과 유료 케이블 방송은 오랫동안 시장에서 우월한 지위를 확보하여 영향력을 행사해왔다. 그러나 콘텐츠 플레이어와 플랫폼이 급격히 증가하고 그 결과 필연적으로 시청 점유율이 하락하면서 더 이상 예전 같은 시장 지배력을 행사하지는 못하고 있다. 영상 콘텐츠 산업에서 이제 갑의 권력은 네이버와 같은 포털로 이동했고 이제 또 유튜브와 페이스북과 같은 IT 기반의 글로벌 플랫폼 사업자로 옮겨가는 듯하다. 그렇지만 제한된 희소 자원인 전파를 국가로부터 할당받은 지상파뿐만 아니라 케이블 TV, 종합편성채널들마저 독립 프로덕션 혹은 인디 창작자들과 불공정한 계약을 강제하는 경향은 여전해 보인다. 갑종(!) 채널들이 독립 프로듀서들이 만든 프로그램의 판권을 모조리 앗아버리던 과거 관행에 대한 반성 없이, 멀티 플랫폼으로 힘겨워진 현실의 고난을 그 옛날 화려했던 시장 지배의 추억으로 보상받고자 하는 행태인 것 같아 쓸쓸하다. 방송 현장에서 프로그램이 종영한 후 뒤늦게 지급되는 임금 문제, 착취에 가까운 긴 노동 시간 등을 과연 '을'로서 계약하는 제작 프로덕션에게만 책임을 물을 수 있을까? 권력에 기울어진 보도 행태와 상업방송과 무차별적인 공영방송 콘텐츠에 대한 비판은 매우 정당하다. 그렇지만 그 토대를 이루는 공영방송의 독립적 지배구조와 재원財源 문제에 대한 진지한 사회적 고민에 인색했기에 시장 실패를 겪고 있는 것이 지금 우리 방송의 현실이다. 그렇지만 공영방송만이라도 '차별화'된 콘텐츠와 모범적인 유통 관행에 솔선하기를 기대하는 것은 너무나 공허한 주문일까?

애니메이션과 게임 산업도 양극화가 심각하기는 마찬가지이다. 할리우드에서는 개봉되는 디지털 애니메이션은 흥행에 성공하고, 늘 새로운 수익 기록을 경신하다 하지만 국내 영세 애니메이션의 입지는 갈수록 좁아지고 있으며 대형사로의 쏠림 현상이 가속화되고 있다. 게임 콘텐츠 산업에서도 구글 플레이스토어와 애플 앱스토어의 지나치게 높은 시장점유율 등 난제가 많다. 모바일 게임 분야로의 쏠림 현상은 어찌할 수 없는 트렌드라 하더라도 넥슨, 넥마블, 엔씨 등 막대한 자금과 규모를 가진 대형사들에게 완전히 넉다운되고 있는 중소 업체들, 개발사 간 소득 양극화 심화, 게임 개발자보다 퍼블리셔publisher가 수익을 더 많이 가져가는 구조 등이 게임 개발환경을 악화시키고 잇다. 이러다가는 우리 콘텐츠 산업 전체가 양극화의 레드오션에 빠져버리지 않을까 걱정스럽다. 이 모든 악재와 비정상非正常은 산업을 시장에 그냥 맡겨버린 결과이다. 시장의 속성은 그 자체로는 가치 중립적으로 보일지 모르지만, 자본資本의 본능은 최대한의 잉여 창출이다. 시장자본주의의 핵심은 자본이 최대한 이익을 실현할 수 있도록 시스템화하는 것이다. 우리는 19세기 이래 자본의 속성이 길들여지지 않는 야수野獸임을 잘 알고 있지 않은가. 그래서 우리는 자본의 속성을 제어하기 위해 끊임없이 시장주의에 대해 개입해왔다. 자본의 성장에 따라 시민 공동체가 위협받는 상황이 되지 않게끔 하는 적절한 관여가 정당화되어 온 것이다.

마태효과Mattew Effect라는 말이 있다. 미국의 사회학자인 로버트 머튼Robert Merton이 저서 『과학사회학』에서 언급한 말로 『성경』 「마태복음」에 나오는 '무릇 있는 자는 더욱 받아 풍족하게 되고, 없는 자는 있는 것까지도 빼앗기리라.'라는 구절처럼 부자는 더욱 부유해지고 빈자는 더욱 가난해진다는 부익부 빈익빈富益富 貧益貧 현상을 가리키는 말이다. 콘텐츠 산업에서 승자독식勝者獨食은 그 전형이다. 양극화를 초래하는 이유이기도 하다. 물론 싸움에서 승자winner가 있으면 반드시 루저loser가 있게 마련이다. 그렇지만 공정한 기회가 보장될 때만이 게임 룰rule은 정당성을 가진다. 콘텐츠 세상을 위한 공정한 게임의 법칙 마련이 중요한 이유이다.

콘텐츠 산업은 정신적 가치를 생산하고 경험을 판매한다. 콘텐츠는 문화적 정체성 확보하고 다양성을 보장하며 사회적 통합의 토대를 제공하는 중요한 사회적 자원이다. 따라서 미국, 영국, 일본 등 해외 주요 국가들은 콘텐츠 산업의 다양화를 보장하기 위하여 여러 가지 정책적 장치를 두고 있다. 우리도 의지를 가지고 하나하나씩 끈기 있게 해결해나가면 된다. 영화 배급과 상영을 겸업하는 것을 금지하고 특정 영화의 최대 스크린 수를 제한하면 된다. 음원 수익 유통 비율에서 창작자 수익 비율 확대를 조정하고 방송사와 인디와의 표준 계약을 의무화하면 된다. 메이저 채널에게는 일정 비율로 독립 프로듀서들의 제작물을 커미셔닝commissioning하게끔 하고 공영방송에는 '차별화된' 콘텐츠를 생산하도록 사회적으로 환기해야 한다. 혹자는 시장을 무시한 과한 방법이 아니냐고 물을 수 있겠다. 그렇지만 이런 처방들은 자유분방해 보이는 문화 대국 프랑스에서도 이미 시행하고 있는 기제들이다. 프랑스는 문화 콘텐츠를 공공정책의 중심으로 놓는 국가 개입의 원칙을 고수하고 있다. 이윤 동기나 효율이 콘텐츠 산업의 유일한 목적이 아니잖은가. 요컨대, 우리가 반드시 설파해야 할 것은 콘텐츠 산업에서 비록 시장적 지배력을 정당(!)하게 취득했다 하더라도 부당하게 남용하게 해서는 안 된다는 원칙이다. 이러한 노력과 더불어 중기적으로는 콘텐츠 산업에 대해 생태계적 접근을 모색하여 건강한 생태계 환경을 만들기 위해 힘써야 한다. 이를 위해 시장지배적 사업자의 독과점, 지위 남용을 제재하고 담합을 금지하며 유통 과정에서의 불공정 행위들을 구체적으로 개선하는 것이 중요하다. 콘텐츠의 생산, 유통, 소비와 관련된 이해관계자들이 정당한 보상을 받는 환경이 구축돼야만 지속 가능한 선순환 구조를 이루어 낼 수 있기 때문이다.

양극화의 원인은 콘텐츠의 생산과 유통을 매우 기업적으로 매개하여 성장해왔기 때문이다. 제작사, 투자 자본, 플랫폼의 동맹이 콘텐츠 산업을 독과점하고 있기 때문이다. 해법은 독과점에 대한 사회적 통제 기제를 만드는 데에서 찾을 수 있다. 이해 관계자들과의 조화로운 관계 설정을 콘텐츠 기업의 준칙으로 삼게 강제하는 것이다. 소위 '허리 기업'을 육성하는 것이 중요하다. 공정 환경 조성을 위해 상생 협약, 표준 계약서 실시를 지원하여 우리 콘텐츠 산업의 허리를 튼튼하게 하자는 것이다. 콘텐츠 업계의 양극화 해소, 창작자들의 자존감 회복 및 지위 향상, 소비자들이 다양한 콘텐츠를 즐길 권리는 상생의 생태계에서 비로소 가능해진다. 시장 경제가 한계를 보이는 부분에서 역량을 발휘하는 것이 거버넌스governance 아니던가. 시장 실패를

시장 실패를 방지하고 독과점에 대한 사회적 통제를 실시하는 거버넌스를 통해 건강한 콘텐츠 생태계를 지향할 수 있다.

방지하고 독점에 대한 사회적 통제를 하는 것이 콘텐츠를 살리는 길이다. 콘텐츠 혁명 시대에도 이러한 고민은 결코 피할 수 없다. 지혜로운 거버넌스가 사람다운 세상을 콘텐츠 판에 허許하라. 그래야 비로소 콘텐츠가 우리 삶을 자유롭게 할 것이다.

4

글로벌 콘텐츠 프로듀싱

필자는 종종 외부에서 강의 요청을 받는다. 콘텐츠와 관련된 정부 기관이나 미디어 커뮤니케이션을 가르치는 대학에서 현업 프로듀서들이나 대학생들에게 전문가로서 특강을 해달라는 것이다. 비록 부족할지라도 필자는 기쁜 마음으로 경험과 지식을 나누고자 한다. 요청받는 강의 주제는 대개 급변하는 콘텐츠 산업의 주요 이슈들에 관한 것이다. 필자는 수강생들의 필요와 성향에 맞추어 강의 내용과 수준을 결정한다. 해외의 대학이나 주요 컨퍼런스 혹은 콘텐츠 포럼에서 특강이나 키노트 스피치를 요청받기도 한다. 이 경우 영어로 강의나 발표를 해야 하기 때문에 아무래도 준비에 신경을 쓰게 된다. 그렇지만 국내에서 할 때와 내용상의 차이는 별로 없다. 중국과 네덜란드 그리고 아르헨티나의 현지 프로듀서들과 대학생들을 대상으로 마스터클래스Master Class 초청 특강을 한 적이 있는데 콘텐츠의 현재와 미래가 그 주제였다. 이 책에서 주요하게 다루는 주제는 콘텐츠 혁명의 양상과 전개 방향이다. 국내의 한 대학에서 했던 강의 내용을 중국에서, 유럽에서, 또 남미에서 똑같이 전달한 것이다. 세 지역 모두 열띤 호응과 피드백을 받았다. 그들도 우리와 똑같이 '연결된 세상에서의 콘텐츠의 개념'에 대해서 새로이 생각하게 됐고, '콘텐츠의 생산과 소비 양식의 혁명적 변화'를 경험하고 있으며, '디지털 컨버전스, MCN, 소셜 미디어, 인공지능과 가상현실' 등 많은 부분에서 우리와 공통의 이슈를 갖는 것이었다. 필자가 이 사례를 통해 말하고 싶은 것은 이제 전 세계적으로 콘텐츠에 대한 이해와 요구가 동질화되어 가고 있다는 것이다.

과거에는 세계 각국의 소비자들은 지역에 따라 콘텐츠 선호에서 큰 차이를 보였다. 그러나 점차 콘텐츠에 대한 기호가 전세계적으로 비슷해져 가고 있다. 특히 디지털 디바이스, 소셜 미디어, 모바일 등의 이슈는 콘텐츠 세상에서 세계 공통의 이슈다. 이렇듯이 글로벌하게 동질화되고 있는 콘텐츠 환경은 국가 간의 경계를 넘는 콘텐츠 제작과 유통을 보편적으로 만들었고 지도상의 거리나 경계 등 물리적인 위치가 더 이상 콘텐츠 비즈니스의 제약이 되지 않는다. 이제 콘텐츠의 유통은 프로그램 단위뿐만 아니라 채널 단위로 빈번하게 이루어지고 날이 갈수록 촘촘해지는 인터넷망 덕분에 콘텐츠에 대한 전 지구적 접근이 가능하게 됐다. 이런 의미에서 콘텐츠 산업에는 국경이 없다. 글로벌 프로듀싱이 필요한 이유다.

글로벌 프로듀싱의 좋은 실례로 K-팝을 꼽을 수 있다는 것은 다행한 일이다. 필자는 학창 시절 일본의 대중가요를 의미하는 J-팝이란

아르헨티나의 UAI 대학에서 열린 필자의 특강 포스터

중국에서 주관하는 아시아 최대의 다큐멘터리 포럼 GZDOC에서 열린 필자의 마스터클래스

장르는 있는데 왜 우리 K-팝이란 용어는 없을까 생각해본 적이 있다. 이제 세계인들은 J-팝이라는 용어에는 익숙지 않아도 K-팝은 다 안다. 유튜브에도 K-팝은 별도 장르로 분류되어 있다. 수십 년 전 우리가 엑스재팬과 같은 일본 로커나 사카이 노리코와 스맙 같은 일본

아이돌 스타들에게 심취했듯이 이제 많은 세계인들이 한국의 대중음악에 열광하고 있으니 분명 기분 좋은 일이다. 필자가 일하는 KBS에서는 외교부와 함께 매년 '창원 K-팝 월드 페스티벌'을 열고 있다. 세계 각지의 젊은이들이 K-팝을 부르며 경연을 펼치는 축제의 장이다. 미국에서, 유럽에서, 심지어 아프리카와 남미에서까지 한국말로 된 노래를 우리 발음 그대로 따라 부르고 한국 가수들과 똑같은 동작의 안무를 연습하는 현지의 팬들을 보면서 무섭게 확장한 K-팝 글로벌 프로듀싱의 힘을 확인할 수 있다.

K-팝의 글로벌 프로듀싱에는 레거시 미디어, 소셜 미디어, 그리고 연예기획사들이 톡톡히 제 몫을 했다. KBS는 지상파로 방송되는 K-팝의 대표적인 갈라Gala 프로그램 「뮤직뱅크」를 국제방송 채널인 'KBS 월드'를 통해 전 세계로 방송하면서 한류의 파이프라인 역할을 자임했다. 주목할 점은 단순히 방송 프로그램 전송에 그치지 않고 소셜 미디어를 이용하여 팬들과 양방향적인 소통을 하고 있다는 것이다. 'KBS 월드'에는 페이스북 담당, 트위터 담당 등 주요 소셜 미디어의 해외 마케팅을 전담하는 직원이 있을 정도다. 이같은 노력을 통해 수많은 해외의 젊은이들을 K-팝의 서포터로 만들었으며 자발적으로 한류 콘텐츠의 메신저 역할을 담당하게끔 유도하였다. K-팝의 글로벌 프로듀싱을 얘기할 때 지난 2012년부터 열리고 있는 한류 축제인 CJ의 K-컬처 페스티벌 '케이콘KCON'과 매년 연말 개최되는 아시아 최대 음악축제 '마마MAMA'를 빠뜨릴 수 없다.

케이콘은 K-팝뿐만 아니라 드라마, 뷰티, 푸드 등 여러 한류 상품을 해외 팬들에게 체험할 기회를 제공하고 있으며 '마마'는 현장 이

K-팝의 글로벌 프로듀싱을 통해 많은 세계인들이 한국의 대중음악에 열광하게 되었다.

벤트뿐만 아니라 TV와 유튜브 등 온라인을 통해 전세계에 방송되면서 가장 큰 관심을 받는 K-팝 시상식으로 자리잡았다. SM, YG, JYP

등 K-팝을 실질적으로 이끈 한국의 연예 기획사들은 글로벌 프로듀싱의 하나로 애초부터 해외시장을 염두에 두고 현지화 전략을 추진했다. 대표적인 것이 글로벌 캐스팅global casting으로 다국적 멤버를 구성하고 작곡이나 안무에 해외 스태프를 투입했다. 특히 해외 진출의 불확실성과 리스크를 줄이기 위해 현지의 유력 기획사나 파트너십을 통해 현지 유통에 최적화된 비즈니스 모델을 만들어낸 글로벌 매니지먼트가 현지화 전략에 일조했다.

카카오가 지난 2016년 '멜론' 서비스의 로엔엔터테인먼트를 인수하여 음원 서비스뿐만 아니라 음악과 영상 콘텐츠까지 영역을 확장하여 설립한 카카오M의 글로벌 프로듀싱도 주목할 만하다. 카카오M은 유튜브를 비롯한 페이스북, 트위터, 유쿠, 웨이보 등 소셜 미디어를 기반으로 운영되는 K-팝의 대표채널 '원더케이1theK'를 운영하고 있다. 원더케이는 세계 244개국에서 시청되고 있으며 유튜브 구독자 수 1,000만 명을 돌파했다. 주목할 것은 원더케이 조횟수 상위권을 차지하는 동영상은 모두 참여형 콘텐츠라는 것이다. 특히 전 세계 팬들이 참여하는 커버댄스 콘테스트를 편마다 진행하는 '렛츠댄스Let's Dance'는 평균 23개국 180여 팀이 참여할 정도로 인기가 높다. 팬들을 찾아가 깜짝 공연을 펼치는 '런투유Run to you', 글로벌 팬 참여형 토크쇼 '애스크인어박스ASK IN A BOX'와 '차트밖1위', '무無뜸금라이브' 등도 대표적인 참여형 프로그램이다.

김미연 카카오M 뉴미디어 마케팅그룹장은 참여형 콘텐츠가 '원더케이'의 성공 비결이라며 앞으로도 보고 듣는 것을 넘어선 이용자 참여형 콘텐츠를 강화해 K-팝이 세계적으로 확산될 수 있는 플랫폼 역할을 하겠다고 한다. 참여형 콘텐츠는 소비자들로 하여금 자신이 단순히 시청하고 참여하는 것뿐만 친구들에게 공유해 콘텐츠의 확산에 기여한다. 아울러 '원더케이'가 K-팝과 한류 콘텐츠에 관심이 많고 콘텐츠 제작 및 마케팅 관련 특기를 갖춘 국내외 멤버들로 구성된 '글로벌 서포터스'를 지속적으로 운영하며 소셜 미디어를 통해 채널과 K-팝의 글로벌 확산을 도모하는 것도 눈여겨볼 만하다. K-팝이 세계적으로 팬들의 애정을 추동할 수 있게 된 것은 이러한 글로벌 프로듀싱의 오롯한 성과다.

콘텐츠 혁명 시대에 디지털 콘텐츠 소비자들은 소비와 동시에 생산자와 유통자의 역할을 한다. 그들은 마음에 드는 콘텐츠가 있다면 기꺼이 입소문을 낸다. 그들은 콘텐츠를 단순히 소비할 뿐만 아니라 '페북 친구' 혹은 '팔로워'에게 추천해주는 능동적 소비자다. '호모 디지털리스Homo Digtalis'라 불리는 이들이 바로 '노드node'로서 시스템의 전달자 역할을 한다. 그들은 소셜 미디어 네트워크뿐 아니라 오프라인에서도 다른 노드를 연결한다. 심지어 새로운 노드를 생산하는 일까지를 감당한다. 소셜 미디어의 플랫폼과 네트워크 시드를 활용한 커뮤니티 네트워크를 통한 대안적 배급Alternative distribution이 글로벌 프로듀싱의 소구점이다.

방탄소년단BTS의 앨범 「러브 유어셀프: 티어Love Yourself: Tear」는 한국 가수 최초로 미국의 대중음악 음원차트 '빌보드 200'의 1위를 기록했다. 방탄소년단은 미국에 10대 팬들에게 가장 영향력 있는 가수로 소개되고 있다. 세계 음악 산업의 중심지이자 최대 시장인 미국에서 방탄소년단이 주목받는 이유는 무엇일까? 음악 빅데이터 분석 스타트업 차트메트릭의 조성문 대표에 따르면 방탄소년단이 좋은 음악과 훌륭한 퍼포먼스라는 기본기에 정교하고 영리한 전략이 더해져 영어권 팬을 효과적으로 공략하는 데 성공했다고 한다. 미국에서는 소비자의 음악 취향이 매우 다양해서 시장에 접근하기가 쉽지 않다. 스포티파이, 애플뮤직 등 스트리밍 서비스 업체가 장르, 상황, 최신 음악 등의 카테고리로 분류해 수십 수백 개의 플레이리스트를 제공하는데 인기 플레이리스트에 음원이 포함돼야 스트리밍이 많이 되는 구조이다.

방탄소년단의 기획사는 K-팝 팬들에 대한 광범위한 데이터 수집을 통해 페이스북 팬이 가장 많은 지역인 필리핀을 필두로 우선 유튜브 조횟수를 늘리는 데 힘썼다. 기획사는 유튜브라는 소셜 미디어 채널을 통해 방탄소년단의 쇼케이스, 앨범 정보, 그리고 팬들이 궁금해하는 아이돌의 일상을 전달하는 등 글로벌 팬덤과의 소통 및 홍보 창구로 활용했다. 전 세계 팬들은 이에 화답하여 직접 나서 방탄소년단의 동영상을 퍼서 나르고 또 실시간 번역하거나 가공하여 온라인으로 공유했다. 팬덤 덕분에 방탄소년단은 엄청난 조횟수를 기록하게 된다. 스포티파이에선 인공지능을 통한 알고리즘을 이용해 단기간에 스트리밍 많이 된 노래를 자동으로 주요 플레이리스트에 넣는다. 그 결과 방탄소년단 음악은 스포티파이의 주요 선곡 및 추천 리스트에 어렵지 않게 자리잡게 된다. 철저한 맞춤형 음악 추천 서비스를 제공하는 스포티파이 차트에서 방탄소년단이 좋은 성적을 낸 배경이라고 볼 수 있다. 이렇듯이 K-팝이 난공불락의 북미 시장을 뚫는 데 일등 공신은 바로 데이터에 기반하여 유튜브 등 소셜 미디어를 활용한 전략인 것이다.

방탄소년단의 성공에 공식 팬클럽 아미Army가 큰 역할을 한 것은 주지의 사실이다. 아미는 방탄복과 군대Army가 항상 함께한다는 뜻에서 유래된 이름이다. 아미는 단순히 방탄소년단의 음악을 듣는 것에서 그치지 않았고 더욱 적극적으로 방탄소년단 열풍을 이끌어내는 활동을 조직해낸다. 방탄소년단의 노래를 해석하고 재가공해서 모르는 사람들에게 열정적으로 알린다. 이들은 방탄소년단의 뮤직비디오를 여러 나라의 언어로 자막을 입히고 커버 댄스 등 자신들이 직접 만든 방탄소년단 관련 동영상을 공유하는 등 전 세계에 더 많은 방탄소년단 팬을 만들기 위한 노력에 힘을 쏟는다. 또한 빌보드 차트 선정 기준을 분석하여 순위를 높이기 위해 집요하게 노래를 신청하고 소셜 미디어에서 방탄소년단의 동영상을 열심히 클릭했으며 해외 주요 TV 프로그램에 방탄소년단의 섭외를 요청하는 등 자발적으로 홍보대사 역할을 해냈다. 방탄소년단이 한국을 넘어 전세계적인 아이돌 그룹이 된 핵심 원동력이 이들에게 있었다. 무엇이 이렇게 충성도 높은 아미의 글로벌 팬덤 현상을 만들어냈을까?

그 비결은 바로 방탄소년단이 데뷔 때부터 적극 노력해온 팬들과의 공감과 소통이다. 사실 방탄소년단은 2013년 데뷔하기 전부터 소셜 미디어를 통해 일기 형식으로 자신들 일상의 모습을 공개하며 팬들과 진솔하게 소통하고자 했다. 데뷔 당시 방탄소년단의 프로듀서 방시혁은 국내 3대 엔터테인먼트 회사가 아닌 상대적으로 작은 기획사인 빅히트 엔터테인먼트를 운영하고 있었기에 지상파 TV 등 주류 미디어에 자주 노출되지 못했다. 이에 방탄소년단은 팬들과의 다양

방탄소년단은 데뷔 때부터 팬들과 적극적으로 공감하고 소통한 결과 충성도 높은 글로벌 팬덤 현상을 이끌어냈다.

한 만남의 기회를 가지려고 블로그, 트위터, 유튜브, 페이스북 등 소셜 미디어를 적극 활용했다. 이런 방식은 방탄소년단이 국내보다 해외에서 먼저 더 큰 반응을 얻게 했다. 방탄소년단은 앨범과 뮤직 비디오뿐만 아니라 멤버들의 일상을 담은 동영상을 올렸고 팬들과 직접 댓글을 나누며 소통했다. 그들은 자신들의 삶과 생각을 진솔하게 드러냈다. 그 결과 팬들은 방탄소년단의 유려한 비트 음악뿐만 아니라 그들의 스토리에도 공감하고 반응했다. 1,000만 명이 넘는 트위터 팔로워를 가지게 된 것도 이러한 소통 노력 덕분이다. 방탄소년단의 이런 전략은 팬심에 적중했다. 방탄소년단은 트위터 최다 리트윗을 기록하여 기네스북에도 등재됐다.

　방탄소년단이 팬들과 소통하는 최고의 도구는 그들의 노랫말이다. 사실 팀 이름도 또래의 젊은 친구들이 느끼는 삶의 고통과 절망을 막아주겠다는 의미에서 '방탄'으로 정하지 않았던가. '학교 3부작'이라고 불리는 초기 앨범들과 '화양연화' 시리즈 그리고 '러브 유어 셀프Love Yourself' 시리즈는 10대들의 꿈과 사랑과 고뇌를 다루며 서로 연결되는 서사이다. 이 시대를 살아가는 또래들의 현실을 가사에 담아 「네 꿈이 뭐니」「노 모어 드림No more dream」 등을 발표했고 팬들은 그 노랫말에서 용기와 위로를 얻었다. 방탄소년단의 3집 수록곡 「낙원」의 가사는 "꿈이 없어도 괜찮다. 잠시 행복을 느낄 네 순간들이 있다면 멈춰서도 괜찮다. 이젠 목적도 모르는 채 달리지 않아."라면서 10대, 20대들로선 자신들의 문제를 존중하고 함께 고민한다.

「방탄소년단BTS 사례를 통해 본 디지털 시대의 브랜드 커뮤니케이션」 보고서에서는 미국 펜실베이니아대 와튼스쿨 마케팅학과 교수 조나 버거가 저서 『컨테이저스: 전략적 입소문』에서 말한 법칙에 대입해 방탄소년단의 커뮤니케이션과 소통 노력이 어떻게 전염성이 강한contagious 콘텐츠를 만들어냈는지 설명하고 있다. 즉 방탄소년단은 다수의 디지털 콘텐츠를 생산해 소셜 미디어 노출 빈도를 높여 사람들이 쉽게 떠올릴 수 있게끔 계기를 마련했고 솔직하게 자신의 일상과 감정을 나누며 팬들과 감성적인 접근을 했다. 특히 젊은 친구들의 고민을 대변하여 노랫말을 만듦으로써 팬들과의 관련성을 높였다. 아울러 방탄소년단은 '촌놈들이 뮤지션으로 성장하는 스토리'를 기반으로 해 사람들의 관심을 끌었고 아동이나 청소년 폭력 근절 등 사회 캠페인에도 적극 참여해 좋은 인상을 남겼다고 분석했다. 요약하자면 방탄소년단은 디지털 커뮤니케이션의 가장 중요한 특징인

상호작용성을 마련하는 데 성공했다는 것이다. 이러한 상호작용성은 방탄소년단을 TV에서나 볼 수 있는 아이돌 스타가 아니라 언제라도 소셜 미디어에서 함께 '공감'하고 '소통'할 수 있는 친구로 만들었다.

한편 방탄소년단은 소통이 뒤틀린 경험도 갖고 있다. 방탄소년단이 예전에 입었던 티셔츠에 원폭 투하 이미지가 들어갔다는 것이 일본에서 큰 논란을 일으킨 것이다. 일본에서는 원폭 사진을 참혹함과 비극으로 인식하지 않았다는 것을 문제 삼으며 예정됐던 일본 방송 출연을 취소하는 등 어깃장이 계속되었다. 이에 방탄소년단은 원폭을 한국의 광복과 엮어서 이미지화한 티셔츠가 만들어내는 의미망이 원자폭탄이 가져온 비극과 피해자의 인권이라는 관점에서는 오해의 여지가 있음을 인정하고, 한국과 일본의 원폭 피해자에게 분명하게 사과하는 소통의 모습을 보였다.

그 결과 방탄소년단은 도쿄돔에서의 공연을 성공적으로 마치고 팬들의 뜨거운 호응 속에 계속해서 일본 투어를 진행할 수 있었다. 우리는 이 사건에서 공감과 소통의 중요함뿐만 아니라 아울러 '방탄소년단'이라는 콘텐츠에서 보이는 연결 고리를 읽을 수 있다. 방탄소년단의 글로벌한 성과는 연결의 마술이다. 콘텐츠 혁명 시대의 콘텐츠는 제작되어 소비자에게 전달되는 것이 끝이 아니다. 오히려 이제부터 시작이다. A가 자발적으로 블로그에 자신의 사진과 사연을 적은 포스트를 올렸을 때 이 콘텐츠를 읽은 B는 자신의 페이스북에 공유한다. B와 연결된 친구인 C와 D는 이 포스트를 읽고 '좋아요'를 클릭하여 공감을 표시하고 또 다른 친구 E, F, G는 댓글을 남긴다. 이러한 과정을 통해 A의 콘텐츠는 여러 네트워크로 확산되고 순식간에 B, C뿐만 아니라 D, E, F에게도 소비되고 훗날 X, Y, Z까지 연결될 개연성을 갖고 있다.

이럴 경우, A가 최초에 포스팅한 콘텐츠와 Z가 소비하게 되는 콘텐츠는 똑같은 콘텐츠라고 볼 수 없다. 수많은 '좋아요'와 댓글이 덧붙여졌기에 어떤 의미에서는 또 다른 콘텐츠이다. 즉 콘텐츠가 네트워크를 통해 전달되면서 소비자들의 상호작용 과정을 거쳐 끊임없이 유기체적인 변신을 하게 된다. 즉 콘텐츠는 살아 있다고 할 수 있다. 이런 의미에서 콘텐츠는 사업자가 아니라 소비자가 유통하는 것이다. 콘텐츠의 질과 속성에 따라 네트워크의 확장성 혹은 유기체적인 진화의 양태에는 차이가 있을 수 있겠지만 콘텐츠는 소비되는 과정이 곧 재생산되는 매개가 된다. 미디어가 메시지라면 소비자가 콘텐츠다. 콘텐츠 혁명은 소비자가 반응하고 공유하는 과정을 통해서 콘텐츠가 연결되고 확장되는 것을 의미한다. 콘텐츠가 유기적으로 살아 있다는 것이다.

이러한 연결은 소셜 미디어의 친구 관계를 기반으로 지속적으로 확산되며 지역적으로도 '글로벌'하게 팽창한다. K-팝과 한류 콘텐츠의 글로벌 경쟁력은 이러한 연결에서 비롯됐다. 싸이의 「강남스타일」은 유튜브와 같은 글로벌 소셜 미디어에서의 팬덤과 자발적인 퍼나르기에서 발화됐다는 것은 이제 상식이다. K-팝과 한류 열풍은 소셜 미디어를 활용하여 시장의 시공간을 확장한 글로벌 프로듀싱의 성공 사례. 한국의 연예기획사들은 온라인과 모바일의 새로운 환경에 적합한 데이터 수집과 활용을 통해 팬들에게 맞춤형 콘텐츠 소비 경험을 제공했다. 빅데이터 시대에 데이터를 모으고 단순히 분석

한류 콘텐츠가 글로벌 브랜드로 자리매김하기 위해서는 문화적 다양성을 존중하는 글로벌 스탠더드를 견지하고, 보편적 설득의 장치를 갖추어야 한다.

하는 것에 그치지 않고 글로벌 포지셔닝으로 사회적 관계를 고려한 다양한 활동을 북돋웠다. 글로벌 포지셔닝은 한류가 담고 있는 정치, 경제, 사회, 문화적 담론을 우리의 경계 안에서만 바라보는 시각을 극복하려는 시도이다.

　대중문화로서 한류 콘텐츠의 경쟁력은 보편적인 설득의 장치를 가질 때 발생한다. 소비자가 한류 콘텐츠를 소비할 때 재미있고 새롭고 흥겨우며 지겹지 않아야 한다. 그래서 즐거운 감정을 갖게 될 때 경쟁력은 배가 된다. 사람들의 보편적 감정을 자극해야 공감을 얻을 수 있고 상업성과 시장성을 확보할 수 있다. 글로벌 시대의 기반이라 할 수 있는 문화적 다양성에 대한 존중이 부족하면 콘텐츠의 성공을 기대하긴 힘들다. 한류 콘텐츠가 내셔널national에서 글로벌global로 새롭게 포지셔닝할 필요도 여기에서 출발한다. 손흥민 선수가 영국의 프리미어 리그에서 활약하는 것은 자랑스러운 진출로 생각하고 K리그에서 외국인 선수가 뛰는 것은 마치 내 집을 내어준 듯이 마뜩하게 생각한다면 분명 우리는 국민 국가주의의 도그마에 휘둘리고 있는 것이다. 대중문화의 콘텐츠 정황을 다룰 때도 내셔널 관점을 뛰어넘는 글로벌 관점이 필요하다.

한류 콘텐츠가 국적성이 강한 한국의 브랜드가 아닌 '글로벌 브랜드'가 되어야 하는 이유다. 글로벌 브랜드는 상품이 글로벌 스탠더드를 견지하는 데서 가능한 일이다. 문화 산업적인 기능만을 부각해 한류의 확산을 시장 개척의 시각에서만 보는 것에서 탈피하여 한류의 확산을 문화 교류로 보는 시각을 가져야 한다. 한류의 질적 성숙을 위해서는 대중문화 편중에서 벗어나 고급예술, 전통예술 등으로 업그레이드할 필요가 있다. 우리가 영국이나 프랑스 같은 문화 강국을 생각할 때 그들의 대중문화와 아울러 고급 예술까지를 포함한 총체적 문화 역량이 '영국류' '프랑스류'를 지속적으로 만들어내고 있다는 것을 명심해야 한다. 사회 전반의 모든 현상은 이제 지구촌 '교류의 맥락'에서 인식해야 그 이해와 해석이 가능하다. IT 기술의 발전에 따라 콘텐츠 세상에는 글로벌한 변화가 도래했다. 그런데 한류는 아직도 내셔널한 패러다임에 묻혀 있으면 그 틈에 의해 우리 콘텐츠 산업의 발전은 정체된다. 내셔널 한류는 없다. 콘텐츠의 보편성을 담보하는 글로벌 프로듀싱이 있어야 할 뿐이다.

5

5G가 바꾸어놓을 콘텐츠 세상

　기술의 발전에 따라 우리가 사는 세상의 모든 것이 연결되고 있다. 현대에 들어와서 우리에게 연결의 인프라를 제공하는 대표적인 것은 통신 네트워크다. 통신은 애초 유선에서 출발하였으나 지금은 선線으로부터 자유로운 무선 네트워크 시대라 할 수 있다. 대표적인 무선 네트워크인 이동통신은 바야흐로 5G 시대에 접어들었다. G는 세대Generation를 의미하는 것으로서 5G는 5세대 이동통신5th Generation Mobile Communications을 일컫는 말이다. 이동통신의 세대 구분은 기본적으로 전송 속도와 매우 깊은 관련이 있다. 전송 속도가 빨라질수록 전송하는 정보의 양뿐만 아니라 포맷과 종류도 달라지기 때문이다.

　애초 이동통신이 처음 도입되었을 때는 아날로그 기반으로서 음성만을 지원하였다. 이를 1G(1세대)라고 하며 우리나라에서는 1980년대에 상용화되어 1990년대 중반까지 사용되었다. 이후 2G 시대부

5G는 4차 산업혁명의 키워드인 연결성을 획기적으로 향상시켰다.

터는 아날로그 음성신호를 디지털로 변환해 전송하게 되었고 음성 통화 일변도에서 문자 메시지의 수신과 발신이 가능해졌다. 국내 이동시장이 비약적으로 성장하였고 정지 화상의 전송이 가능해진 것도 2G 시대이다. 2002년부터 도입된 3G 시대에 이르러서는 음성, 문자 이외에 동영상과 멀티미디어 콘텐츠를 전송하는 것이 가능해졌다. 스마트폰도 3G 시대에 등장하게 된다. 3G 시대에는 스마트폰을 통해 인터넷 방송이나 뮤직 비디오나 동영상 뉴스 등을 자유롭게 볼 수 있게 된 것이다. 3G에 이어 등장한 4G는 LTE이라고 불리는데 '오랫동안 진화하여 발전한 기술Long Term Evolution'이라는 뜻이다. LTE는 속도면에서 3G 시대와 확연히 구별된다. 데이터를 3G보다 10배 빠르게 전송할 수 있게 된 것이다. 3G에서도 동영상 전송이 가능하였지만 '버벅거리는' 현상이 자주 발생하였는데 LTE는 동영상 재생에 전혀 불편함이 없을 정도의 '끊김 없는' 통신 속도를 구현해 냈다. 모바일을 통한 동영상 소비가 대세를 이루게 된 것은 바로 이러한 LTE의 통신 속도 덕분이다.

이제 5G 시대가 열렸다. 5G는 초고속, 초저지연, 초연결을 그 특징으로 한다. 초고속이라 하는 것은 1Gbps(초당 기가비트) 속도 기준인 4G보다 20배 빠른 속도인 20Gbps를 구현하기 때문이다. 쉽게 예를 들자면 2시간짜리 영화 한 편을 단 1초 만에 다운받을 수 있다고 생각하면 된다. 데이터 전송 속도 외에 또한 매우 중요한 것이 바로 레이턴시latency라고 불리는 응답 속도이다. 데이터 전송 속도가 한꺼번에 최대 얼마만한 데이터가 지나갈 수 있느냐를 따지는 개념이라면, 응답 속도는 사용자의 단말기와 서버를 오가는 데 걸리는 시간을 따지는 개념이다. 5G에서는 이 응답 속도가 4G보다 10배 수준으로 향상된다. 실시간을 유지하는 데 아무런 어려움이 없다. 즉 초저지연이 실현된 것이다. 그렇지만 5G 시대가 그저 속도가 빨라진 전송 기술만을 의미하지는 않는다. 무엇보다 중요한 것은 5G가 4차산업혁명의 키워드인 연결성을 획기적으로 향상시킨 것이다. 동시에 접속할 수 있는 사물인터넷의 수가 엄청나게 많아진다. 초연결인 것이다. 초연결 시대에는 각각의 디바이스(사물)들이 끊임없이 데이터를 주고받으며 연결되어 있다. 이러한 연결을 감당하려면 엄청난 용량을 감당하고 속도를 담보할 수 있는 네트워크가 필요한데 바로 5G가 그 역할을 하는 것이다.

그러면 5G 시대에는 어떤 콘텐츠가 각광을 받을 것인가. 우선 5G 시대에는 가상현실과 증강현실 콘텐츠가 활기를 띨 것이다. 가상현실과 증강현실과 같은 실감형, 몰입형 혼합현실 콘텐츠는 시간당 가장 높은 트래픽을 발생하게 하는 서비스이다. 따라서 그동안 엄청난 용량의 데이터를 막힘없이 전송해야 하는 기술적 부담으로 질적으로 우수한 콘텐츠가 많이 생산되지 못해 그 발전이 더디었다. 그렇지만 5G 시대는 고용량의 데이터 전송이 실시간으로 가능해졌기 증강현실과 가상현실 콘텐츠가 5G 기술로 날개를 달아 획기적인 성장을 할 것으로 기대된다. 이것은 우리들이 기존에 느껴볼 수 없었던 실감나는 콘텐츠를 아무 불편 없이 즐기게 되는 것을 의미한다. 그 몰입감은 얼마나 짜릿할 것인가.

다음으로는 사물인터넷 기반의 연결된 콘텐츠인데, 우리가 사는 집과 일하는 공간이 스마트홈과 스마트팩토리 혹은 스마트팜으로 탈바꿈하게 된다. 지능화된 가전제품이 우리 생활을 편리하게 하고 공장에서는 공산품들이 원격 자동으로 적정하게 관리 생산되어 효율성을 높이는 한편 농장에서는 인공지능 농작물 생육 시스템이 효율성과 편리성을 높일 것이다. 이렇게 스마트한 시스템이 도시 전체로 확대될 때 스마트 시티가 구축되는 것이다. 5G가 개인을 넘어 여러 산업, 지자체, 개별 국가 등에서 필수적인 공공 인프라가 되는 것이다. 우리 생활에 필요한 수많은 장치가 사물인터넷으로 자리매김하고, 즉각적으로 데이터를 주고받으며 더욱 정교한 개인 맞춤형 콘텐츠 서비스를 제공할 수 있게 되는 것이다.

특히 자율주행자동차는 여러 산업 분야 중에서도 가장 눈에 띄는 혁신을 예고하고 있다. 자율주행자동차는 주변을 인식하고 실시간으로 다른 차들과 통신을 하며 주행을 하게 되는데 수많은 데이터의

자율주행차가 인간을 대신해서 차를 운행하는 동안에 우리는 자율주행차 안에서 내가 원하는 콘텐츠를 편안하게 소비할 수 있다.

송수신이 절대적으로 필요하다. 특히 장애물이 나타났을 때 이를 인식하고 제동하는 데 걸리는 지연시간이 LTE에서는 0.03초에서 0.05초인 데 비하여 5G는 0.001초에 불과해 주행 중 돌발 상황을 인지하고 반응을 수행하는 프로세스가 빨라지고 정확해진다. 우리가 가장 걱정하는 부분인 안전성에 대한 우려를 불식하고 안심하고 운전을 맡길 수 있다. 자율주행 자동차가 인간을 대신해서 차를 운행하는 동안에 우리는 자율주행 자동차 안에서 내가 원하는 콘텐츠를 편안한 마음으로 소비할 수 있다. 커넥티드카connected car로 일컬어지는 자율주행 자동차가 '바퀴달린 스마트폰'이자 나만의 콘텐츠를 즐길 수 있는 극장이 되고 또 필요에 따라 음악감상실이나 게임방이나 놀이터가 되는 것이다.

　초고속, 초저지연이라는 5G의 기술이 구현할 수는 머지않은 미래

국내 5G 시장 규모 전망
(단위: 억 원)

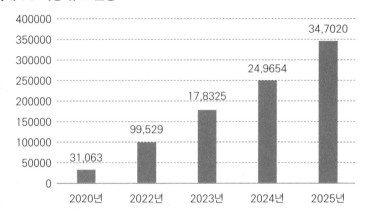

(출처: KT경제경영연구소)

모습이다. 모든 사물이 서로 연결되어 지금까지와는 확연히 차별화되는 혁신을 통해 새로운 가치를 창출하게 된다. 이런 맥락에서 5G는 4차 산업혁명을 가능하게 하는 기술적 기반인 것이다.

KT경제경영연구소가 발표한 보고서에 따르면, 5G 시장의 규모는 2020년 378억 달러(한화 42조 5,854억 원)로 추정된다. 국내 5G 예상 시장 규모는 2020년 3조 1,063억 원, 2025년엔 약 35조 원에 달할 전망이다.

이동 통신이 유선有線의 제약을 벗어나게 네트워크를 제공했다면 5G는 가상현실과 증강현실이 구현되는 인프라를 제공함으로써 현실 공간이라는 한계를 벗어나게 한다. 아울러 5G는 네트워크로 연결된 세상을 구현하는 데 크게 기여한다. 지금까지 휴대폰과 스마트폰을 중심으로 발전해온 연결 네트워크가 5G 시대에는 새롭고 획기적인 디바이스로 확장될 것이다. 이는 궁극적으로 사물인터넷을 넘어

만물인터넷IoE, Internet of Everything 시대를 열어주게 될 것이다. 모든 것이 연결된 세상은 우리를 속박했던 여러 가지 조건들로부터 삶을 해방시킨다. 가상현실과 증강현실은 우리를 물리적인 공간의 한계를 벗어나 상상을 현실로 만들어주었다. 5G 시대의 콘텐츠는 공간으로부터, 또 속도로부터 우리를 자유롭게 할 것이다.

6

콘텐츠 4.0과 콘텐츠의 꿈

이 책의 마무리가 필요한 지점이다. 이 책의 일관된 초점은 콘텐츠 산업에 밀려오는 변화의 물결을 통해 현재를 읽어내고 미래를 그려보는 데 있다. 미래 사회를 전망할 때 많은 사람들이 4차 산업혁명 운운하는 것은 이것이 우리 삶의 방식을 획기적으로 변화시킬 것이라는 예측이 가능하기 때문이다. 콘텐츠 혁명은 4차 산업혁명과 궤를 같이한다. 4차 산업혁명은 특정 기술이 이끄는 변화가 아니라 여러 가지 첨단기술들이 연결되고 융합되어 변화를 일으키는 혁신이다. 4차 산업혁명이 오기까지 그간의 변화를 차수次數대로 다시 생각해보자.

1차 산업혁명은 수공업에서 탈피하여 근대적인 공장을 세우고 증기 기관을 이용한 자동화로 제품을 대량 생산해내는 시대로 접어든 것을 의미한다. 18세기 말 유럽에서 촉발된 1차 산업혁명은 생산 양식을 크게 변화시키면서 인간의 생활 방식의 큰 변화를 이끌어냈다. 이후 2차 산업혁명은 19세기 중후반부터 20세기 초까지를 말하는데 증기기관에 의존해왔던 산업이 한 걸음 진일보하여 내연기관 자동차가 등장한다. 석유를 동력으로 활용하게 되었기 때문이다. 또한 새로운 동력인 전기가 등장하여 공장의 자동화를 이루는 데 기여하고 그 결과 생산성이 폭발적으로 증가하게 된다. 3차 산업혁명은 20세기 이후 컴퓨터가 제어하는 자동화와 산업 활동에서 비롯되었다. 인터넷의 등장과 밀접하며 사람들 사이의 커뮤니케이션에 주목한다. 우리는 인터넷이 우리 삶과 사회 또 산업에 큰 변화를 일으킨 것을 의심하지 않는다.

요약하자면 증기기관 기반의 기계화 혁명을 1차 산업혁명, 또 전기 에너지 기반의 대량 생산 혁명을 2차 산업혁명, 인터넷 기반의 지식 정보 혁명을 3차 산업혁명이라고 한다. 그렇다면 4차 산업혁명은 무엇일까? 이 책의 서두에서도 밝힌 것처럼 초지능과 빅데이터 정보 기술을 기반으로 하여 자동화와 연결성이 극대화되는 산업 환경의 변화를 4차 산업혁명이라 한다. 우리는 이미 4차 산업혁명 시대에 살고 있다. 앞서 말했던 것처럼 4차 산업혁명이란 정보통신기술ICT의 융합으로 이뤄지는 차세대 산업혁명이며 인공지능, 사물인터넷, 로봇, 빅데이터 등이 4차 산업혁명을 주도하고 있다. 전 세계적 흐름인 4차 산업혁명은 어떤 방식으로든 우리 삶에 변화를 강요할 것이다.

이렇게 3차니 4차니 하면서 시대를 나누는 것은 그 차수마다 산업을 주도하는 패러다임이 구별되고 그로 인한 사회적 변화가 분명해서 그 변곡점을 개념으로 매핑하려는 시도인 것이다. 사실 일상의 삶에서는 이러한 혁명적인 변화를 제대로 못 느낄 수도 있다. 실제 세상은 무력 혁명이 아닌 다음에야 단숨에 모든 것이 변하지는 않는다. 그렇지만 곰곰이 주변을 둘러 세상을 보면 어느새 이미 변화된 세상을 실감하게 되는 것이다. 사실 스마트폰이 일상화된 것은 그리 오래된 일이 아니다. 아마도 이 책을 읽는 이들 모두 스마트폰이 나오기 전과 이후의 큰 변화를 체감하고 있을 것이다. 이런 것이 변곡점이다. 콘텐츠도 마찬가지다. 콘텐츠를 생산하고 유통하고 소비하는 과정에서 분명히 이전과 다르게 혁명적인 변화로 부를 수 있는 질적 전환이 있어 왔다. 이것을 4차 산업혁명과 궤를 같이하여 콘텐츠 4.0이라고 부른다.

사실 콘텐츠 4.0은 4차 산업혁명 시대에 가장 주목해야 할 분야이다. 콘텐츠 4.0의 특징은 연결과 융합에 의한 콘텐츠의 생산과 소비다. 연결에 바탕을 둔 상호작용이 콘텐츠의 속성이 된다. 주방이나 자동차와 같은 생활 속의 사물들에게 연결성을 부여함으로써 편리성을 배가 시킨다. 인공지능과 자동차가 융합하여 자율주행자동차가 된다. 스마트 홈이라든가 사물인터넷도 연결과 융합 기술로 새로운 가치가 만들어진 것이다. 콘텐츠 4.0은 4차 산업혁명의 새로운 기술을 연결을 통해 기존 콘텐츠에 융합하게 함으로써 완전히 새로운 가치를 창출하는 것이다.

사실 콘텐츠 4.0을 제대로 파악하려면 당연히 콘텐츠 1.0, 콘텐츠 2.0 그리고 콘텐츠 3.0을 이해하여야 한다. 콘텐츠 1.0은 콘텐츠의 생산과 소비가 1대 1로 이루어지는 형태를 말한다. 손으로 쓴 편지를 생각하면 쉽게 이해할 수 있다. 편지라는 콘텐츠가 글을 쓰는 행위에서 만들어지고 편지를 받은 사람이 글을 읽는 활동을 통해 소비된다. 할머니가 아이들에게 들려주던 옛날이야기도 마찬가지다. 비록 이야기를 듣는 사람이 여러 명이라고 하여도 할머니가 그 현장에 직접적으로 콘텐츠를 생산하고 전달하는 행위를 통하여 일회적으로 콘텐츠가 유통된다. 이와 같이 콘텐츠 1.0은 콘텐츠가 정보와 지식을 담은 그대로 전달되고 소비되는 원초적인 형태이다. 캔버스에 그려진 그림이라든가 수기手記로 쓰인 책과 같은 경우다. 콘텐츠가 그 그릇에 오롯이 담겨 있어 콘텐츠와 컨테이너의 구별이 큰 의미가 없다. 그림 혹은 책의 물리적인 형태가 곧 내용물로 여겨지며 이것은 분리되지 않는다. 이러한 콘텐츠 1.0 시대는 인류의 기원에서부터 지금까지도 존재하는 가장 기초적인 콘텐츠의 생산과 유통 방식으로 이어져 왔다.

콘텐츠 2.0은 콘텐츠가 일회적으로 생산되지만 다중적으로 소비되는 형태를 말한다. 콘텐츠 2.0 시대를 견인한 것은 인쇄술의 발달이었다. 콘텐츠 2.0 시대에는 콘텐츠 생산자가 일단 만들어두면 이것은 물리적인 복제를 거쳐 다중적으로 유통되었다. 오프라인으로 출판되는 책이나 음반 그리고 DVD로 재생되는 영화 등이 콘텐츠 2.0 시대의 대표적인 생산물이다. 단일한 원천 콘텐츠가 복제라는 과정을 거쳐 수많은 콘텐츠 상품이 생산되고 소비된다. 콘텐츠 1.0 시대의 생산방식에 비해 매우 효율적이다. 콘텐츠 생산량을 한 단위 증가시키는 데 필요한 생산비의 증가분 즉 한계비용이 급격히 줄어들기 때문이다.

콘텐츠 3.0 시대는 인터넷의 등장으로 구현되었다. 다중의 생산자가 참여하여 콘텐츠가 만들어지고, 다양한 사람들에 의해 다양한 플랫폼에서 다중적으로 소비된다. 소셜 미디어를 생각하면 쉽다. 페이스북에 올린 뉴스피드가 원천 콘텐츠이지만 이용자들이 댓글을 달고 '좋아요'를 누름으로써 또 이용자들이 퍼나르거나 공유함으로써 콘텐츠는 유기적으로 진화한다. 콘텐츠의 생장과 확산이 전방위적으로 이루어지는 것이다.

콘텐츠 4.0은 인공지능과 빅데이터를 기반으로 하는 4차 산업혁명의 시대에 콘텐츠 소비 경험과 콘텐츠의 품질이 혁명적으로 진화한 것을 의미한다. 이 시대에는 콘텐츠의 패러다임 자체가 아예 바뀌었다. 콘텐츠는 우리의 시간과 돈을 쓰게 하는 모든 것이며 데이터를 매개로 하여 창조되는 경험이 곧 콘텐츠다. 콘텐츠 4.0이 나타나게 된 배경에는 테크놀러지의 발전이 필수 조건으로 있으며 현실과 가상의 융합이 콘텐츠로 발현된다. 콘텐츠 4.0 시대의 콘텐츠는 생산자가 만들어낸 그 상태가 아니라 주어진 환경에서 스스로 생장한다. 콘텐츠 4.0이 이전의 단계와 확실히 구분되는 것은 스스로 학습한다는 것이다. 인공지능은 그동안의 컴퓨터 개념, 즉 명령을 수행하는 역할을 뛰어넘어 주어진 환경 안에서 스스로 학습하여 최상의 결과를 도출하는 방법을 제시한다.

콘텐츠 1.0에서 2.0으로의 진화에는 수억 년이 걸렸다. 콘텐츠 3.0의 변화는 인터넷이 등장한 20세기 이후부터 시작되었으며 불과 한 세기가 지나가기도 전에 우리는 콘텐츠 4.0 시대를 목도하고 있다. 4차 산업혁명은 인간의 일자리를 빼앗을 수밖에 없다. 자율주행차가 수많은 운전기사들의 해고를 초래할 것은 분명해 보인다. 그렇지

콘텐츠 4.0으로의 진화

콘텐츠 1.0 일회적 생산과 일회적 소비 (One to One)

콘텐츠 2.0 일회적 생산과 다중적 소비 (One to Many)

콘텐츠 3.0 다중적 생산과 다중적 소비 (Many to Many)

콘텐츠 4.0 기막히게 멋진 생산과 다중적 소비 (Awesome to Many)

(출처: https://www.businessinsider.com/infographic-content-40-and-ignition-2012-8)

만 자율주행차를 타면 운전에 집중해야 하는 눈과 손발이 자유로워지므로 영화를 본다든지, 그 시간에 다른 많은 콘텐츠의 소비가 이루어지게 된다. 이것이 더 많은 콘텐츠에 돈과 시간을 소비하게 할 것이며 총체적으로 인간의 삶을 풍요롭게 한다. 따라서 4차 산업혁명은 보다 많은 또 보다 질 좋은 콘텐츠의 생산과 유통 그리고 소비를 견인할 것이며, 콘텐츠 산업의 획기적인 발전과 커다란 기회를 제공할 것이다. 콘텐츠 속성의 변모는 단순히 기술적 진보만을 의미하진 않는다. 인터넷으로 연결되는 것이 단순한 기술적 발명이 아니듯이 스마트폰의 등장도 우리 삶과 문화를 혁명적으로 바꾼 사건이라는 데 많은 사람들이 동의할 것이다. 아울러 콘텐츠의 변신은 사람들 간의 소통 방식과 우리 삶의 모습을 크게 바꿔놓는다는 것에 크게 이의를 제기하지 않을 것이다. 콘텐츠는 인간의 가치와 생활양식 즉 문화와 밀접히 관련 있기 때문이다. 그런 의미에서 콘텐츠 혁명은 문화 혁명이다. 문화적인 삶은 나와 다른 남을 이해하고 관용하는 발상에서 출발한다. 폐쇄적인 자아를 버리고 널리 보편적인 인간의 행복을 추구하게 하는 것이 콘텐츠다.

콘텐츠 혁명 시대, 이제 개인들은 자신에게 최적화된 콘텐츠를 통해 자신의 시간을 소비하며 삶을 즐기고 자기를 성취한다. 그러면서 나와 다른 이웃과 연결하고 소통한다. 그래서 콘텐츠는 진정 기가 막히게 멋지다Awesome! 필자는 콘텐츠 혁명은 우리의 삶을 자유롭게 하는 역사의 필연적인 과정으로 이해하고 있다. 콘텐츠의 꿈은 널리 인간 세상을 이롭게 하는 것이라고 믿기 때문이다.

참고 자료

http://www.yonhapnews.co.kr/bulletin/2018/01/17/0200000000A
KR20180117045100063.HTML?input=1195m

https://www.ericsson.com/en/mobility-report?gclid=CJOe3svVyc0CFYOXvAodzX8L6A

https://www.economist.com/leaders/2015/02/26/planet-of-the-phones

〈양방향 방송 콘텐츠의 최신 사례 분석〉 트렌드 리포터 KCA Media Issue & Trend 2017년
10월호, 한국방송통신전파진흥원

Variety, 'Netflix Launches 'Puss in Book,' Its First Interactive Kids Story', 2017.06.20

http://news.khan.co.kr/kh_news/khan_art_view.html?art_id=201807262106045

Willams R(1974) Television: Technology and Cultural Form Routledge Classics (Volume 124)
3rd Edition

Jenkins, H., Ford, S., Green, J.(2013) Spreadable media: Creating value and meaning in a
networked culture. NYU press.

임종섭(2015) 데이터 저널리즘 커뮤니케이션북스

신동희·김희경(2014) 소셜 시청(Viewing)의 사용자 경험적 분석, 한국콘텐츠학회 논문지

오세욱·김수아(2016) 디지털 저널리즘 투명성 제고를 위한 기술적 제안

김진기·천혜선(2015) 뉴스 빅데이터 서비스 사례 및 모델 개발 연구 한국언론진흥재단

http://www.yonhapmidas.com/article/151114162354_547919

https://blog.hootsuite.com/facebook-algorithm/

와이즈넛 "소년시대 U-Story 분석" BuzzInsight.net 보고서 2009

박원익(2017) "방탄소년단의 미국 성공 비결: 데이터가 답" 조선BIZ 박원익 기자

https://m.post.naver.com/viewer/postView.nhn?volumeNo=10217827&memberNo=28162
671&searchRank=224

http://www.gartner.com/it-glossary/big-data Gartner IT glossary Big data;

김광호 외(2018) 『4차 산업혁명과 미디어의 미래』 한국학술정보(주)

빅토르 마이어 쇤버거, 케네스 쿠키어(2013) 『빅데이터가 만드는 세상』 이지연 역 21세기
북스

강익희 외(2017) "인간, 콘텐츠 그리고 4차 산업혁명: 변화와 대응" 코카포커스 17-03호, 한
국콘텐츠진흥원

박현아(2013) "빅데이터 시장 현황화 콘텐츠산업 분야에 대한 시사점" 코카포커스 2013-
11호(통권 77호) 한국콘텐츠진흥원

박민성(2012.). OTT 플랫폼의 진화와 규제 이슈 - 수평규제, 중립성, 수직결합을 중심으로.

≪정보통신정책≫, 24권 21호, 28~51.

박찬경(2011). OTT 서비스 관련 각국 정책 논의 현황과 정책적 함의. 『정보통신정책』, 24권 18호, 1~29.

정두남·정인숙(2011). 『스마트 TV의 등장에 따른 미디어산업 구조변화에 관한 연구 – 산업구조 및 규제체계 변화 방향을 중심으로』. 한국방송광고공사.

엘리 프레이저(2011) 〈생각 조종자들〉 이현숙, 이정태 공역 알키

https://deepmind.com/blog/why-we-launched-deepmind-ethics-society/ 딥마인드 공식 블로그

이원태 (2018) '카카오 알고리즘 윤리 헌장'의 의미, 『신문과방송』 2018년 4월호(통권 568호)

김민주(2011) 『시장의 흐름이 보이는 경제 법칙』 위즈덤하우스

최현용(2014.4.11) 〈위협받는 영화상영, 관람의 권리〉 국회 한류연구회 주최 토론회 발제 자료

최연구(2006) 『문화 콘텐츠란 무엇인가』 살림

장서희(2014.12.16) 「문화콘텐츠 유통시스템의 구조적 문제점」 국회의원 배재정, 문화연대 주최 문화콘텐츠산업 유통 불공정행위 관련 국회공청회 자료

이동연(2014.12.16) 「문화콘텐츠 유통불공정 행위 개선을 위한 대안 찾기」 국회의원 배재정, 문화연대 주최 문화콘텐츠산업 유통 불공정행위 관련 국회공청회 자료

심상민(2002) 『미디어는 콘텐츠다: 미디어 & 콘텐츠 비즈니스 전략』, 김영사

최연구(2005) 『문화콘텐츠란 무엇인가』, 살림지식총서

Willams R(1974) *Television: Technology and Cultural Form* Routledge Classics (Volume 124) 3rd Edition

Jenkins, H., Ford, S., Green, J.(2013) *Spreadable media: Creating value and meaning in a networked culture*. NYU press.

배기형(2012) 『텔레비전 콘텐츠 마켓과 글로벌 프로듀싱』, 커뮤니케이션북스

배기형(2015). 『OTT 서비스의 이해』. 커뮤니케이션북스

배기형(2010) 『국경없는 TV, 경쟁하는 프로그램』, 커뮤니케이션북스

배기형(2016) 『MCN』, 커뮤니케이션북스

배기형(2015). 『다큐멘터리 피칭』. 커뮤니케이션북스

배기형(2016) 『국제공동제작』, 커뮤니케이션북스

한국콘텐츠진흥원(2018) 〈2017 해외 콘텐츠 시장 동향조사〉

윤지영(2016) *오가닉 미디어 – 연결이 지배하는 미디어 세상* Organic Media Lab

http://www.kocca.kr/n_content/vol04/vol04_03.pdf

최연구 「소프트파워의 핵심 '콘텐츠' 시장가격보다 더 큰 가치에 주목하라」 「N content(엔

콘텐츠)」 2018년 1, 2월호

조영신(2011). 스마트 TV를 둘러싼 경쟁 지형과 정책 방안. ≪한국방송학보≫, 25권 5호, http://news.mt.co.kr/mtview.php?no=2018031915354904727

Deloitte Insights(2018) 〈Digital Media Trends Survey〉

https://www2.deloitte.com/content/dam/insights/us/articles/4479_Digital-media-trends/4479_Digital_media%20trends_Exec%20Sum_vFINAL.pdf

박길(2018) [IT 트렌드 바로읽기] 2018 유튜브 커머스

http://www.mobiinside.com/kr/2018/08/20/ittrend-video/

http://www.gartner.com/it-glossary/big-data Gartner IT glossary Big data;

김광호 외(2018) 〈4차 산업혁명과 미디어의 미래〉 한국학술정보(주)

빅토르 마이어 쉰버거, 케네스 쿠키어(2013) 〈빅데이터가 만드는 세상〉 이지연 역 21세기 북스

강익희 외(2017) "인간, 콘텐츠 그리고 4차 산업혁명: 변화와 대응" 코카포커스 17-03호, 한국콘텐츠진흥원

박현아(2013) "빅데이터 시장 현황화 콘텐츠산업 분야에 대한 시사점" 코카포커스 2013-11호(통권 77호) 한국콘텐츠진흥원

임종섭(2015) 데이터 저널리즘 커뮤니케이션북스

신동희 김희경(2014) 소셜 시청(Viewing)의 사용자 경험적 분석, 한국콘텐츠학회 논문지

오세욱, 김수아(2016) 디지털 저널리즘 투명성 제고를 위한 기술적 제안

김진기 천혜선(2015) 뉴스 빅데이터 서비스 사례 및 모델 개발 연구 한국언론진흥재단

http://www.yonhapmidas.com/article/151114162354_547919

https://blog.hootsuite.com/facebook-algorithm/

와이즈넛 "소년시대 U-Story 분석" BuzzInsight.net 보고서 2009

박원익(2017) "방탄소년단의 미국 성공 비결: 데이터가 답" 조선BIZ 박원익 기자

https://m.post.naver.com/viewer/postView.nhn?volumeNo=10217827&memberNo=28162671&searchRank=224

〈MR 기반의 양방향 TV 콘텐츠 방송 사례분석〉 2017 KCA Media Issue & Trend 한국방송통신전파진흥원

http://www.kca.kr/open_content/bbs.do?act=detail&msg_no=234&bcd=research

유재홍 IT 데일리 [4차 산업혁명 트렌드] "유니콘 기업으로 본 4차 산업혁명시대 신산업"

http://www.itdaily.kr/news/articleView.html?idxno=88873

http://verticalplatform.kr/archives/5906

'Gamification의 현황과 미래'(한국콘텐츠진흥원, 2014.11)

'Global Gamification Market 2014-2018'(TechNavio, 2014.10)

정용찬(2015) 세대별 스마트폰 이용특성과 영향력 변화 KISDISTAT Report 16-06

https://www.businessinsider.com/how-the-washington-post-changed-after-jeff-bezos-acquisition-2016-5

강익희 외(2017) "인간, 콘텐츠 그리고 4차 산업혁명: 변화와 대응" 코카포커스 17-03호, 한국콘텐츠진흥원

이연주 (2018) 〈알파고 쇼크 2년 분야별 AI 활용법〉 디자인 플러스이십일 https://1boon.daum.net/jobsN/5b30d9826a8e510001fb01a1

http://stories.shelley.ai/chains/

https://www.facebook.com/help/1155510281178725

〈How Newfeed Works〉, Facebook Help center

https://en.wikipedia.org/wiki/EdgeRank

"영화 추천 기술과 서비스", CT 문화와 기술의 만남 2014.9.30. 한국콘텐츠진흥원

http://www.kocca.kr/cop/bbs/view/B0000144/1823165.do?menuNo=200900#

김광호외 (2018) 〈4차 산업혁명과 미디어의 미래〉 한국학술정보(주)

박현아(2013) 빅데이터 시장현황과 콘텐츠산업 분야에 대한 시사점, 코카포커스, 제 7권 제 4호

〈방탄소년단(BTS) 사례를 통해 본 디지털 시대의 브랜드 커뮤니케이션〉 2018.3.5.(18-17호) KBS금융지주경영연구소

콘텐츠 혁명을 알지니

콘텐츠가 너희를 자유롭게 하리라

초판 1쇄 인쇄 2019년 4월 17일
초판 1쇄 발행 2019년 4월 25일

지은이 배기형
펴낸이 안현주

경영총괄 장치혁
디자인 표지 최승협 본문 장덕종
마케팅영업팀장 안현영

펴낸곳 클라우드나인   **출판등록** 2013년 12월 12일(제2013－101호)
주소 우) 121－898 서울시 마포구 월드컵북로 4길 82(동교동) 신흥빌딩 6층
전화 02－332－8939   **팩스** 02－6008－8938
이메일 c9book@naver.com

값 15,000원
ISBN 979－11－89430－19－1 03320